Paolo Flores d'Arcais
Die Linke und das Individuum

Paolo Flores d'Arcais

Die Linke und das Individuum

Ein politisches Pamphlet

Aus dem Italienischen von Roland H. Wiegenstein

Verlag Klaus Wagenbach   Berlin

Wagenbachs Taschenbuch 283
Originalausgabe

© Paolo Flores d'Arcais
© 1997 für diese Ausgabe: Verlag Klaus Wagenbach, Ahornstraße 4, 10787 Berlin. Umschlaggestaltung Groothuis+Malsy, Bremen, unter Verwendung einer Photoserie von Jürgen Klauke. Autorenphoto von Effigie, Milano. Die Karnickel auf Seite 1 zeichnete Horst Rudolph. Gesetzt aus der Korpus Plantin (Berthold) durch die Offizin Götz Gorissen, Berlin. Gedruckt auf chlor- und säurefreiem Papier und gebunden durch die Druckerei Wagner, Nördlingen. Printed in Germany. Alle Rechte vorbehalten
ISBN 3 8031 2283 x

Inhalt

Demokratie ernst genommen   7

Das freigesetzte Individuum   39

Die Linke und die Legalität   59

Ethik der Endlichkeit   79

Demokratie ernst genommen

Der reale Sozialismus bestätigt durch seinen endgültigen Zerfall die politische Demokratie ebenso endgültig als Werte-Rahmen des öffentlichen Lebens unserer Epoche. Marx, ehrenvoll versorgt auf den Bücherregalen, wo die Klassiker stehen, hat sein Privileg als Deuter gegenwärtiger Zustände und ihrer Veränderung verloren. Der analytische Irrtum, der die Demokratie nur als juristisch-politische Form kapitalistischer Ausbeutung, als bloße Tarnung des Rechts auf Egoismus mißverstand, und die Linke in der Kritik am - Bestehenden behinderte, sie im toten Winkel einer »Überwindung« festhielt, die nach Ablehnung klang (und, schon früher, nach Unverständnis) – dieser Irrtum ist alt.

Als Wertvorstellung hat die politische Demokratie keine Rivalen mehr. Aber ihr Dasein wird damit nicht einfacher. Eher schwieriger. Der totalitäre Osten der Nomenklatura ist keine Alternative mehr, also auch kein Vergleichsmaßstab – aber auch kein Alibi dafür, die Vorzüge existierender Demokratien zu rühmen, selbst wenn deren Regierungspraktiken Prinzipien beleidigen und mit Füßen treten, die feierlich beschworen wurden.

Ohne Alternative kann die Demokratie nur noch an sich selbst gemessen werden. Sie wird, mit ihren in jeder Verfassung eingemeißelten Werten, Vergleichsmaßstab, Urteilskriterium, zum Prüfstein für sich selbst und ihre tägliche Existenz.

Damit wird eine Frage unausweichlich, die schon früher hätte gestellt werden müssen: Bis zu welchem Grad sind die existierenden Demokratien wirklich *demokratisch*?

Zugegeben, um sich zu verwirklichen, muß das demokratische Prinzip unter Umständen Kompromisse eingehen, unterliegt es aus verfahrenstechnischen und funktionalen

Gründen Wandlungen. Es gibt keine Selbstregierung der Bürger, ihre Souveränität wird durch Delegierung und Kontrolle verwirklicht. Politische Demokratie entsteht aus der liberalen Übereinstimmung, ein System von Garantien für Rechte und Verfahren zu sein. Die Wandlung des demokratischen Prinzips, als eines Projekts von Autonomie und Selbstregierung, vollzieht sich in der (annäherungsweisen, abgeschwächten) Verwirklichung des Prinzips selbst. Nur so rechtfertigt es sich. Das Ideal der Demokratie so weit wie möglich zu realisieren, sich ihm so weit wie möglich zu nähern, ist der einzig zulässige Realismus.

Die Frage stellt sich also folgendermaßen: Wie, wenn die real existierenden Demokratien, anstatt sich dem demokratischen Prinzip zu nähern, dazu tendierten, sich von ihm zu entfernen, aus Gründen, die von der Sache her gar nicht notwendig sind? Wie, wenn sie, siegreich infolge des Versagens ihrer historischen Alternative, sich in die Gefahr einer Niederlage begäben, indem sie ihre eigene Existenzgrundlage vergäßen? Wie, wenn Demokratie ihre Substanz verlöre, weil sie sich als bloß formale und prozedurale des Prinzips: *one man, one vote* verstünde? Wenn sie verblaßte und fast unmerklich überginge in eine andere Regierungsweise, die von einer liberalen Demokratie nur noch den Namen behielte, von ihrem formalen und prozeduralen Charakter nur noch den Anschein?

Die domestizierte Demokratie

Die liberale Demokratie ist heute in Gefahr, einem konservativen Irrtum aufzusitzen, demgegenüber die Einwände hegelianisch-marxistischer Kritiker mit ihrer Fixierung auf den Begriff der »Überwindung«, der zur gleichen Zeit nimmt und zuteilt, harmlos sind. Was heute auf der formalen (sprich: von Gesetzen geregelten) Demokratie lastet, ist das konservative Vorurteil, sie sei eine unbegrenzt anpassungsfähige Herrschaftsform.

Nichts ist abwegiger (und gefährlicher). Denn die liberale Demokratie ist ein anspruchsvolles Projekt. Nicht alle Wandlungen sind innerhalb ihres Rahmens zulässig, auch wenn zu deren Rechtfertigung oft ›technische‹ Gründe herhalten müssen. Die politische Demokratie (verfahrens- und rechtsförmig wie sie ist) ist weit anspruchsvoller weil reicher an Implikationen, als ein konservativer Intellektueller auch nur vermutet. Die wirklichen Vorbehalte gegenüber der Demokratie kommen, faktisch und im Prinzip, heute von denen, die zwingende Regeln nicht anerkennen und einhalten wollen, von denen, die sich von rational begründeten Verfahren zu entfernen trachten, von der Kohärenz ihrer Voraussetzungen und von den Konsequenzen, die es hat, sie effektiv in politisches Handeln umzusetzen.

Konservatives Verhalten neigt immer häufiger dazu, die politische Demokratie mit den vorhandenen Institutionen und Praktiken real existierender Demokratien gleichzusetzen. In dieser rosigen Sicht erscheint die Abweichung der Realität von den Prinzipien nie als sehr groß, weil sie doch in einer Diktatur noch viel größer wäre. So betrachtet, angeblich nüchtern (wobei Nüchternheit nichts anderes ist als Mangel an kritischem Vermögen), ist alles möglich. Wenn nicht, wenn, was Rechte und Verfahren betrifft, der Abstand zwischen Reden und Wirklichkeit dramatisch wird, nun: Demokratie ist schließlich nicht das Paradies.

Die konservative Rhetorik veranstaltet ein Scherbengericht über jedes Reform-Projekt – nennt es utopisch. Wer Mißbräuche entschieden anprangert, wird als Fanatiker abstrakter Prinzipien denunziert. Der Preis dafür: ein arger, uralter Nominalismus. Man gibt sich mit dem Namen zufrieden, auch wenn die Sache (das demokratische Verfahren) hinter den Riten eines Peronismus, Version »soft«, oder den Demagogien der Spektakel-Demokratie verschwindet.

Eine in ihren Verfahren domestizierte, an die Leine gelegte Demokratie, gehirnoperiert, was die Rechte der Bürger betrifft, kann sich lange halten und reproduzieren, ohne Gefahr des Zusammenbruchs. Wenn das auch keine Demokratie (im liberalen, die Verfahren garantierenden Sinn des Worts) mehr ist, so ist es doch keine Diktatur, kein Regime einer Nomenklatura, und wird es wahrscheinlich auch nicht werden. Stabilität und Regierungsfähigkeit, der Anschein rechtsförmiger, wenn schon ausgehöhlter Verfahren, die die Fortdauer des Regimes garantieren – all das vermittelt eine Illusion, die konservative Intellektuelle als Beweis dafür nehmen, die bestehenden Demokratien seien die einzig möglichen. Und also Demokratien *tout court*. Das könnte sich als Fata Morgana herausstellen.

Offenbar ist es, in Zeiten der Apologie des Bestehenden, möglich, den Verfall der Demokratie mit dünner Stimme zu akzeptieren, ohne auch nur des reaktionären Charakters einer solchen Zustimmung innezuwerden. (Manche besonders gescheite Leute beklagen bereits, daß es zuviel Demokratie gäbe.) So übersieht man das Entscheidende des historischen Moments: die Gefahr nämlich, daß die Demokratie sich aufgibt, weil sie von der Macht *privatisiert*, den Bürgern *entwendet* und damit entleert wird, immer unter Berufung auf Verfahren und Gesetze. Die Privatisierung des

Staates durch Parteiapparate und Berufspolitiker und die Ohnmacht des Bürgers, der ihnen den Staat überläßt, das bedroht jetzt die westlichen Demokratien.

Der Konflikt spielt sich zwischen zwei Interpretationen der politischen Demokratie ab, die sich beide auf dieselben liberalen Verfahren berufen. Die eine, die die Apologie des Bestehenden betreibt (selbst in dessen transgressiven, mehr oder weniger luxuriösen Formen), und dabei die schleichende Verkümmerung übersieht, die Verfahren und Rechte in der liberalen Demokratie erfahren. Und jene andere, die das Projekt der liberalen Demokratie ernst nimmt, um die Wirklichkeit dem Prinzip der Selbstbestimmung anzunähern; die an all ihren Voraussetzungen und Konsequenzen, allen Implikationen festhält, sie auf das tägliche konkrete, substantielle politische Handeln angewandt wissen will.

Die beiden Interpretationen haben nicht die gleiche Würde. Beide sind insofern legitim, als in der Demokratie jeder Standpunkt das Recht hat, sich Gehör zu verschaffen und Zustimmung zu suchen, nicht aber insofern es darum geht, Traditionen und Wertvorstellungen für sich zu reklamieren. Die eine nämlich nimmt den Verfall der Demokratie in Kauf, die andere arbeitet an einer (schwierigen) Umkehr dieser Tendenz. Sie unterscheiden sich in ihrer Kohärenz gegenüber der Demokratie selbst, ihren Verfahren und Implikationen.

Das konservative Verständnis will nicht wahrhaben, daß konkrete, mit der Verfassung konforme politische Entscheidungen gleichwohl als *mehr* oder *weniger* demokratisch beurteilt werden können. Alles, was aufgrund derselben Verfahren entschieden werde, sei auch gleich gültig. Von diesem Verständnis aus sind die Inhalte politischer Entscheidungen gleichgültig, wäre jede andere Auslegung nichts anderes als ein verheimlichter marxistischer Restbestand.

Illegalität und Konsens

Diese Vorstellung ist unhaltbar gerade im Licht der demokratischen Verabredung als einer, die Verfahren, Rechte, formale Garantien regelt.

Es muß daran erinnert werden, daß das Mehrheits-Prinzip erst an zweiter Stelle steht. An erster stehen alle Maßnahmen, die *jedem* Bürger seine Rechte gegen einen Despotismus der Mehrheit garantieren, steht der Schutz der Minderheiten, bis hin zu der extremen, aber besonders wertvollen Minderheit, die das Individuum darstellt. Der nicht einverstandene Einzelne (Dissident) konstituiert eine besondere und entscheidene Meta-Norm liberaldemokratischer Herrschaft. Doch die täglichen, politischen Entscheidungen, die diese Norm entweder zunichte machen oder im Gegenteil in ihrem Wert bestärken und verwirklichen, sind nicht zu zählen. Sie alle müssen, obschon mit dem Mehrheitsprinzip und anderen Verfassungs-Verfahren konform, nach ihrem demokratischen Gehalt beurteilt werden können (und unter Umständen als Angriffe auf die Demokratie).

Jedes (durch Gesetze oder Verordnungen sanktionierte) Privileg, das dem Gläubigen, der der heiligen Mutter Kirche gehorcht, gegenüber dem Atheisten, der nur seinem eigenen Gewissen folgt, zugestanden wird, ist eine Verletzung der Demokratie, auch wenn tausend Urteilssprüche Hoher Gerichte das Gegenteil behaupten. Ein Gesetz, das einen Polizisten, der jemand getötet hat, der ordentlichen Gerichtsbarkeit entzieht, verletzt die formale Demokratie, die allen die gleichen Rechte zuerkennt, selbst wenn ein Referendum dies Gesetz bestätigt. Derlei verbreitet Konformismus im Wählerverhalten und Trugschlüsse im Urteil, schützt die bestehende Ordnung, beleidigt aber Logik und Demokratie.

Fügen wir dem jene konkrete und spezifisch heutige Form hinzu, die der Despotismus der Mehrheit annehmen, und die die konkrete Politik (darin mehr oder weniger demokratisch), begünstigen oder bekämpfen kann. In einer Aktiengesellschaft kann ein Minderheitsgesellschafter die Kontrolle an sich reißen, also etwas tun, was dem »Despotismus der Mehrheit« gleicht, wenn die anderen Anteile in Streubesitz sind. Etwas Vergleichbares geschieht immer häufiger auch auf dem »politischen Markt«. Der zerstreut, vereinzelt den Willen der Bürger bis zur Apathie, erlaubt Renditen, die sich allein der Position verdanken, und beschädigt damit das liberale Prinzip der modernen Demokratie.

Für jede nachhaltige, die Demokratie als Verfahren begreifende Politik ist die Frage der Legalität ausschlaggebend. Daß eine durch Gewalt, Einschüchterung, Affären beeinträchtigte Wahl das Wahlverfahren selbst verändert, versteht sich von selbst. Die Gleichheit (*one man, one vote*) ist nur noch scheinbar garantiert. Legale Politik ist im Stande, die formale Demokratie entweder in eine Vortäuschung zu verfälschen oder sie als juristisch-politische Gleichheit zu stärken. Was die Legalität betrifft, kann die Praxis der Unterlassung sich als die für die Herrschaft effizienteste Art herausstellen, eine Politik zu betreiben, die nicht wirklich demokratisch ist.

Die Legalität konstituiert (mit dem Minderheitenschutz) die Meta-Norm, den Stützpfeiler der liberalen Demokratie. Sie ist nicht verfügbar, verhandelbar, auch durch keine Mehrheit veränderbar. Es liegt an der Politik der Regierungen, ob sie die Legalität garantieren oder sie zugunsten von Willkür und faktischer Macht (ihrer Prä-Potenz) beerdigen. Sie qualifiziert sich damit als Hilfe für die (formale) Demokratie oder als Angriff auf sie.

Der Spielraum, den Machtpolitik der Illegalität zugesteht, geht der Demokratie verloren, selbst wenn eine solche Politik ansonsten verfahrenskonform wäre. Sie setzt den

Mechanismus der Willensbildung außer Kraft. In der Demokratie werben verschiedene politische Kräfte um Zustimmung, indem sie verschiedene, miteinander konkurrierende Vorschläge machen (ob es erlaubt werden kann, längs eines Strandes zu bauen oder nicht, ob es geboten ist, historische Stadtzentren für den Autoverkehr zu schließen oder nicht, ob man den persönlichen Drogengebrauch zulassen oder verbieten soll – zum Beispiel). Wenn ein Gesetz einmal verabschiedet ist, wird seine Anwendung gegenüber dem Einzelnen jedoch faktisch verhandelbar. Damit erhält die an der Macht befindliche Gruppe einen in Wählerstimmen umsetzbaren Vorteil, der ebenso Mehrheiten sichern kann wie die offene Wahlfälschung. Eine Opposition, die Legalität anmahnt, opfert von vornherein die Stimmen derer, die von der Willkür bei der Anwendung der Gesetze begünstigt werden. Legalität ist oft unpopulär. Eben darum darf sie nicht zum Objekt eines politischen Handels werden. Mehr noch: wo Regierungen die Illegalität faktischer Machtpositionen tolerieren (oder ermutigen), wird jede Opposition de facto vom politischen Leben ausgeschlossen. Sie hat dann keine Alternative mehr anzubieten (eine gerechtere Verteilung der Steuerlast etwa oder strengere urbanistische Auflagen oder zivilere Normen des Zusammenlebens), weil das alles auf dem Papier längst existiert. Der Antrag, bestehende Vorschriften endlich durchzusetzen, gleicht der frustrierenden Arbeit des Sisyphos, wird zum Regreß ad infinitum. (Ein Gesetz zur Beachtung bestehender, aber unbeachteter Gesetze, die ein vorher erlassenes Gesetz einschärfen...)

Der konservative Intellektuelle weist völlig richtig darauf hin, daß sich in der Demokratie alles um die Spielregeln dreht. Er vergißt hinzuzufügen, daß das Spiel ohne Mogeln gespielt werden muß und daß Regierungspolitik es den Falschspielern erlauben oder verbieten kann, am Spiel teilzunehmen. Die konkrete Politik bestimmt also ein Verhalten der Unterstützung oder der Aversion der Demokratie gegenüber – danach muß sie beurteilt werden.

Eine Politik, die Gewalt, Einschüchterung, Stimmenkauf, Korruption toleriert, ist selbst dann antidemokratisch, wenn es Mehrheiten gibt, die sie unterstützen. Sie degradiert die Prozeduren bis hin zur Fälschung und macht damit das Prinzip: *one man, one vote* null und nichtig.

Eine Illegalität, die sich in Unterlassungen manifestiert, kann zwar eine große Stabilität des Systems ermöglichen, Regierungsfähigkeit garantieren und Stimmen einsammeln (auch plebiszitär), und dabei die Regeln beachten. Dennoch bleibt sie undemokratisch: Drohung, Aggression, Verneinung.

Italien, wo die Mafia, die Camorra, die N'drangheta die Herrschaft über ganze Regionen des Staatsterritoriums ausüben, mit aktiver oder passiver Duldung durch die Regierungsparteien, ist der Extremfall, die »reine« Ausprägung dieses Phänomens. Man beachte: Jede gegenüber der Illegalität (nicht zu verwechseln mit zivilem Ungehorsam und anderen Formen des politischen und sozialen Protestes, auch wenn diese Gesetzesverletzungen mit sich bringen) nachsichtige Politik ruft auf die Dauer Gewöhnung, Entmutigung, Resignation hervor. Apathie. Die praktische Negation der Bürgerrechte zieht ihre psychologische Auslöschung nach sich, vernichtet so das Subjekt der liberalen Demokratie, das autonome Individuum.

Auch Konservative sind möglicherweise bereit zuzugeben, daß mit dem Wechsel der Regeln auch die Spieler wechseln und schließlich die Herrschaftsform. Aber es ist komplizierter. Wenn die Spieler ausgewechselt werden, sind die Regeln meist schon vorher im verborgenen geändert worden, ungeachtet der anscheinend gleichbleibenden Verfahrensweisen.

Bis zum Beweis des Gegenteils erkennt die moderne Demokratie nur eine Spielerfigur an: den Bürger. Den Jeder, der wir alle sind (sein müssen, sein können).

Wer könnte heute noch behaupten, daß dieser Jeder (alle Individuen als Einzelne genommen) der Protagonist des demokratischen Spiels wäre? Die verborgene Verdrehung der Regeln, die in Fälschungen endet und dabei den Augenschein wahrt, ist schließlich schlimmer für die Demokratie als eine offene autoritäre Herausforderung (und erzielt dieselben praktischen Effekte.) Es ist weit mühsamer, Regeln wieder in Kraft zu setzen, die kein Putsch abgeschafft, sondern die die konkrete Regierungspolitik umgangen hat. Der Demokrat muß in diesem Fall nicht um die Eroberung eines (demokratischen) Verfahrens kämpfen, sondern für die strikte Anwendung bestehender Normen, die der Staat auf dem Schachbrett hin und her schiebt. Ein Kampf gegen Windmühlenflügel. Die genaue Beachtung der Spielregeln (also eine Politik, die der Illegalität, der Präpotenz, der Korruption keinen Platz einräumt) bildet das Fundament der Legitimität demokratischer Herrschaft. Eine Politik, die es erlaubt, diese Regeln zu umgehen, sie zu beugen, die Subjekte auszuschließen, für die sie gemacht wurde, ist, vom Standpunkt der Demokratie aus betrachtet, keineswegs neutral, obschon es sich dabei um eine Praxis handelt, nicht um das Verfahren selbst. Sie betrifft das, was der ganzen Ordnung Legitimität verleiht (oder entzieht) und definiert den Handelnden als Freund oder Feind der Demokratie selbst.

Ziehen wir eine erste Bilanz: Es gibt verschiedene Arten konkreter, substantieller Politik, die mit dem formalen, prozeduralen Charakter der Demokratie zu tun haben, sogar mit den Meta-Normen. Sie unterscheiden sich nur darin, ob sie demokratische Vertragsbrüche begünstigen oder abweisen, die Verfahren und Rechte, ohne die es keine demokratische Ordnung gibt, abbauen oder vice versa stützen.

Praktiziert, beeinflussen diese Arten von Politik die demokratischen Verfahren selbst. Was zunächst mit den besagten Verfahren noch konform ist, endet möglicherweise dabei, sie zuerst zu umgehen und dann sogar die Bedingungen auszuhebeln, die sie möglich und wirksam machen. Selbst wenn die Wähler ihnen zustimmen, machen sie ihnen eine freie Wahl unmöglich, weil sie Einschüchterung, Erpressung, Apathie zulassen.

Aber – und das ist das Entscheidende – keine solche Politik ist, samt der Wandlungen, die sie in der Demokratie herbeiführt, verfahrenstechnisch notwendig, um die Demokratie aus dem Himmel sublimer Prinzipien herunterzuholen in die prosaische Wirklichkeit des Jahrhunderts. Im Gegenteil. Sie zeugt von einer betrogenen, erbärmlichen und verfallenden Demokratie, obwohl sie formal demokratisch ist, Verfahren und Rechte darin gelten.

Es handelt sich also darum, im einzelnen die unverzichtbaren Wertvorstellungen zu prüfen, die die moderne Demokratie charakterisieren, und die praktische Politik daran zu messen, Bestärkung oder Umgehung von Verfahren und Rechten zum Maßstab zu machen.

One man, one vote – auf dem Weg zur Fiktion

Wir haben eine repräsentative Demokratie. *One man, one vote* – das ist ihr ABC. Ein komplexeres Alphabet, als wir zu glauben gewöhnt sind. Das freie und gleiche Votum unter unparteilichen Bedingungen ist ein notwendiger Anspruch, den die real existierenden Demokratien immer weniger befriedigen und, noch schlimmer, um den sie sich immer weniger kümmern. So wenig wie um die Demokratie selbst.

Zwei Bedingungen müssen in erster Linie erfüllt werden: daß der Wahlwettbewerb ohne Diskriminierung für alle offen ist und sich in rigoroser Chancengleichheit vollzieht. In jedem Land sind Gesetze und administrative Regeln in Kraft, die das Wissen davon bezeugen, wie zentral diese Bedingungen sind. In Italien wird allen Plakaten mit den Wahllisten der gleiche Platz eingeräumt. In Frankreich bekommen alle Kandidaten für die Präsidentschaft die gleiche Fernsehzeit. In den Vereinigten Staaten zählt man die Stimmen für eine Myriade kleinerer Wahlämter, die manchmal die Folklore streifen, mit demselben Ernst, wie die für einen Kennedy oder einen Reagan.

Und dennoch verblaßt der für alle offene Wettbewerb immer mehr zur Fiktion. Der Zugang zur Politik wird immer schwieriger, die politische Welt immer undurchdringlicher, die Schwelle zur Sichtbarkeit, als Voraussetzung politischer Existenz, unübersteigbar hoch. Die neuen Kommunikations-Technologien sind bislang eher dazu benutzt worden, dies Phänomen zu verstärken, anstatt es zu bekämpfen.

Gruppen, die sich neu organisieren, gelingt es nur unter ganz besonderen Bedingungen, sich dauerhaft in der politischen Szene zu etablieren. Nicht einmal eine so verbreitete Bewegung von hoher und politischer und emotioneller Intensität wie die von 68 hat das Parteien-Panorama in Frankreich, Deutschland, Italien nachhaltig erneuern können. Nur Krisen, die die Epoche prägen, wie die Umweltzerstörung oder die Einwanderung aus der Dritten Welt in die europäischen Metropolen, sind in der Lage, den Rahmen der organisierten Politik zu erweitern. Und es ist nicht gesagt, daß es sich dabei um stabile neue Kräfte handelt.

Was den Zugang zu Wahlen betrifft, kann aber nur eine antimonopolitische (gegen Oligopole gerichtete) Politik demokratisch sein. Das Prinzip der Repräsentanz wäre sonst verletzt und würde schließlich im Gegenteil enden: die Politik würde *privat* in einem doppelten Sinn: ausschließlich kontrolliert von den Herrn der Parteibücher und Apparate, und endgültig der Teilnahme und Kontrolle durch den privatisierten Bürger entzogen.

Nur eine praktische Politik, die die Schwelle der Sichtbarkeit niedriger macht und so eine politische Existenz für Jeden (uns alle also, die wir darauf ein Recht haben) ermöglicht, ist darüber hinaus geeignet, Chancengleichheit im Wahlwettbewerb wenigstens annähernd zu erreichen.

Ziemlich bizarr, wie der Wettbewerb sich heute vollzieht. So als ob bei Olympischen Spielen einem, der schon einmal gewonnen hat, ein beträchtlicher Startvorteil eingeräumt würde, bei einer Fußballmeisterschaft einige Mannschaften fünfzehn oder zwanzig Spieler (die zur Not auch die Hände benutzen dürften) aufs Feld brächten, andere nur fünf oder drei (die zudem nur mit einem Bein zu treten gezwungen würden). Niemand käme auf den Gedanken, solche Bedingungen unparteiisch zu nennen.

Und weiter: Die formale Demokratie verlangt Gleichheit der politischen Rechte. Nicht bloß Gleichheit aller Ressourcen, sondern Gleichheit der *politischen* Ressourcen. Die wichtigste: die Möglichkeit, sich ins Gespräch zu bringen, gehört zu werden. Ein nicht völlig erreichbares Ideal, aber ein Ziel, dem eine adäquate praktische Politik sich immerhin nähern kann.

Die wirtschaftliche Freiheit führt zu einer großen Disparität in der Verteilung der Ressourcen. Wenn wir einmal die Grenzen und Korrektive beiseite lassen, die aus Gründen der sozialen Gerechtigkeit gegen den Automatismus des Markts gesetzt sind (wir beziehen uns dabei ausschließlich auf die politischen Implikationen der formalen Demokratie), so bleibt doch evident, daß die Ungleichheit der Vermögen, sich selbst überlassen, große Unterschiede hervorbringt, die unter dem Gesichtspunkt der politischen Demokratie wichtig sind. Philosophen und politische Theoretiker haben seit je einen mindestens latenten Konflikt zwischen Demokratie und dem Recht auf Eigentum (also seiner ungleichen Verteilung) vermutet. Ein klassisches republikanisches Problem, aktueller denn je.

Damit die formale Demokratie nicht zum Betrug verkommt, ist eine praktische Politik erforderlich, die den politischen Einfluß neutralisiert, der aus der ungleichen Verteilung des Reichtums erwächst. Anders ausgedrückt: die Konvertierbarkeit ökonomischer Vorteile in politische muß verhindert werden.

Ein Ziel, das sich nur durch die öffentliche Finanzierung des politischen Wettbewerbs erreichen läßt; genauer: die *ausschließliche* öffentliche Finanzierung. Verfahrenstechnisch gibt es dafür kein Hindernis. Zusätzliche, geheime Zuwendungen, die die wichtigste politische Ressource, die Möglichkeit, sich bemerkbar zu machen, gehört zu werden, ungleich verteilen, widersprechen der Natur des Wettbewerbs. Dies Gebot durchzusetzen, bedarf es des politischen Willens, dessen Übereinstimmung mit der Demokratie daran zu messen ist.

Die öffentliche (*ausschließlich* öffentliche) Finanzierung sollte »in natura« gegeben werden: gleiche Sendezeiten in Radio und Fernsehen, gleicher Platz in den Printmedien für alle Konkurrenten, damit sie für die Bürger gleich sichtbar und diskutierbar werden.

Je mehr die Akkumulation des Reichtums und dessen ungleiche Verteilung (in der Welt-Ökonomie) fortschreiten, sich vom Rousseauschen Ideal eines mittleren, aber verbreiteten Wohlstands entfernen, desto weniger darf wirtschaftliche Macht in politische Ressourcen konvertibel sein.

Nebenbei bemerkt: Es ist zweifelhaft, ob eine demokratische Herrschaft extreme und vor allem weit verbreitete Ungleichheiten ertrüge. Wahrscheinlich nicht. Wenn wir diesen wichtigen Aspekt hier auslassen, so deshalb, weil wir uns in diesem Text programmatisch auf die Demokratie als Verfahren und die daraus folgende Politik beschränken.

Gleiche politische Rechte verlangen gleiche politische Ressourcen. Die eingefahrenen Bräuche gehen, genau besehen, in die andere Richtung. Es sind die schlechten Bräuche einer *halbierten* Demokratie.

Stimmenkauf und Freiheit

Nicht nur in Stimmen umgemünzte wirtschaftliche Macht verletzt das Prinzip der politischen (will sagen: formalen) Gleichheit, auch Machtbesitz und Machtausübung selbst tun das. Und wiederum ist es die konkrete, praktische Politik, die das einschränken oder fördern kann.

Der Stimmenkauf ist die Form, in der dieser Vorteil genutzt wird. Ein Mißverständnis muß gleich ausgeräumt werden. Den Stimmenkauf zu verurteilen heißt keineswegs, auf Markt und Kapitalismus zu verzichten. Es ist ein durchaus nicht unschuldiges Vorurteil, das ihn als unvermeidlich in Kauf nimmt, weil der Markt es so wolle, alles Ware und damit alles zwischen Privateigentümern tauschbar sei. Im Gegenteil. Weil es den Markt gibt, ist es notwendig, daß es etwas (viele »Dinge«) gibt, die unter keinen Umständen verhandelbar, käuflich sind. Die Gesetze und die Richter, um damit zu beginnen. Die öffentlichen Institutionen, *alle* öffentlichen Institutionen. Ohne die auch der Markt verschwindet und seine Rolle an die schiere Macht, die Prä-Potenz abtritt. Im wirtschaftlichen Bereich wie in jedem anderen.

Recht verstanden: Auch seine ökonomischen Interessen definieren den Bürger. Auch die müssen vertreten werden. Aber dort, wo die Gesetze gemacht werden. Stimmenkauf ist eine völlig andere Sache. Sie schafft die Repräsentanz ab, weil aus der Wahlstimme eine mit anderen Waren tauschbare Ware auf dem »politischen Markt« wird und sie diesem damit entzieht.

Stimmenkauf und Klientelwesen müssen als Exzeß gelten oder sie feiern sich selbst als Ruhmesblätter schöner Maßlosigkeit. Darüber entscheidet wiederum die konkrete Regierungspolitik, entscheiden die Maßnahmen, die dagegen getroffen oder die unterlassen werden, sind die Parteien aufgrund ihres größeren oder geringeren Gewichts auf der Waagschale der Demokratie zu messen.

Generell fördern Stimmenkauf und Klientelwesen jede Politik, die die Marge der Verfügungsgewalt für die an der Macht vergrößert, die Gleichheit vor dem Gesetz einschränkt. Der undurchdringliche Dschungel von Regelungen, administrativen Konzessionen, verschleppten oder verhinderten Kontrollen, das Regime der Lizenzen – dies ist vor Wahlen das bevorzugte Feld der Verfügungsgewalt, der ideale Nährboden für den Stimmenkauf. *Deregulation*, von der Rechten jeglicher Couleur so oft wortreich gepriesen, sollte sichere Regeln meinen, also *mehr* Gesetze, die die sie respektierenden Handelnden vor der Willkür administrativer Gewalt schützen. Wenn Deregulierung eine »Regierung der Gesetze« (weniger, klarer, effektiver Gesetze) bedeutete, würde sie paradoxerweise der Legalität ihren Platz zurückgeben und dem Stimmenkauf den Sauerstoff zum Atmen entziehen.

Analoges gilt für alle geschäftlichen Transaktionen, an denen Regierung und Verwaltung beteiligt sind: Ausschreibungen, Subventionen, Einstellungen, bis hin zu den außerordentlichen Maßnahmen (etwa bei Naturkatastrophen), können der Logik des Gesetzes und seiner automatischen Anwendung gehorchen oder einem undemokratischen Klientelwesen Vorschub leisten.

In jedem Fall unterscheidet sich die Gesetzesform sternenweit von der Praxis der Notverordnungen, der Verwaltungsmaßnahmen, der Behörden-Lizenzen. Daß schnelles

Handeln zum Wohl aller Notlösungen erforderlich sei, ist eine Fabel, die, wenn schon verbreitet, nie bewiesen werden konnte, keine harmlose Fabel zudem.

Das Bauwesen ist vermutlich der Bereich, wo der Unterschied zwischen gesetzlichen und Verwaltungsverfahren besonders dramatisch ist, er verdient darum eine Erläuterung. Ein Bebauungsplan, den Bürgern zusammen mit der Kandidatur fürs Amt des Bürgermeisters unterbreitet und während dessen Mandat unveränderbar, würde nicht bloß jedermann einen Teil seiner Souveränität zurückgeben, sondern der Macht eines ihrer tödlichsten Instrumente der Korruption entziehen (und auch der Umweltzerstörung).

Jede beschränkte Ressource kann in den Händen der Verwaltung zum Objekt für den Stimmenkauf werden. Zum Beispiel: Wohnungen zu Festmieten, kontrolliert von öffentlichen oder para-öffentlichen Behörden, sind ein wertvolles Privileg, wenn sie ohne rigide, verbindliche objektive Parameter zugeteilt werden, und damit ein Reservoir für den Stimmenkauf. Ein Stadtentwicklungsplan kann sich aus einer sozialen Maßnahme in einen perversen Mechanismus peronistischer Art verwandeln, wenn er nur ein wenig von Gesetzen und verbindlichen Regeln abweicht.

Mehr noch. Selbst Effizienz ist, wie die Legalität, demokratisch betrachtet nicht wertneutral. Administrative Ineffizienz (meist durch Unterlassung hervorgerufen) beschädigt die formale und prozedurale Demokratie, insofern sie den Bürger zum Bittsteller herabwürdigt, ihn zwingt, etwas als Gefälligkeit zu erbitten, was ihm von Rechts wegen zustünde, es mit seiner Wahlstimme zu kaufen. Ein derart vermarktetes Recht ist keins mehr. Eine gekaufte Stimme ist per Definition keine frei abgegebene Stimme. Es ist kein Zufall, daß alle vom Standpunkt der Effizienz betrachtet heruntergekommenen Zonen (der Süden, die Peripherien der Städte, wo es keine Dienstleistungen gibt) von der Wirksamkeit eines demokratisch bemäntelten Klientelwesens reden. Von einer substantiellen demokratischen Politik kann nur die Rede sein, wenn es wenig oder nichts, jedenfalls immer weniger gibt, was man für die Stimme eintauschen kann. Der Stimmenkauf macht Komplizen. Der durch ein Verhältnis des *do ut des* und der (kleinen, womöglich »erzwungenen«) Korruption betrogene Bürger verliert schließlich die Lust, sich über die (große) Korruption derer zu entrüsten, die die Macht haben.

Vom Pluralismus zur Parteienherrschaft

Ein freies Votum braucht die Freiheit, sich zu organisieren. Unsere Demokratie ist in Parteien organisiert. Die erste Forderung, wo immer man eine Diktatur bekämpft, lautet deshalb: Freiheit für alle Parteien. Aber die Parteien können frei sein, ohne daß es die Bürger wären (frei nämlich, die eigenen Repräsentanten zu wählen und zu kontrollieren). Eine Parteiendemokratie ist eine hochproblematische Herrschaftsform, die politische Partei ein ambivalentes Instrument.

Geboren wurden Parteien als Mittel zur Teilhabe, einer effektiven, wenn schon indirekten und eingeschränkten, Souveränität. Aber sind sie das noch? *Instrumente*, durch die *Jeder* (wir alle) konkret an der öffentlichen Macht *teilhaben* kann?

Eine Partei ist heutzutage eine gigantische, vielgliedrige Maschine, ein bürokratischer Apparat, der aus sich selbst wächst, der immer mehr Geld braucht und der infolge der eigenen Existenz ein spezifisches Interesse entwickelt, das zunächst den Interessen parallel läuft, die die Partei repräsentieren will, aber rasch auf sich selbst, die eigene Reproduktion und Ausdehnung umgeleitet wird.

Damit wird die Partei zum Selbstzweck. Sie kann nicht mehr das eine oder das andere vertreten, weil sie vor allem sich selbst und die eigene Zukunft im Auge hat. Sie repräsentiert im öffentlichen Bereich der Politik nicht mehr die private Wirklichkeit der zivilen Gesellschaft (Interessen, Meinungen), sondern ihre eigene, die einer neuen Klasse.

Einer sozialen Klasse, die wächst und jede Gelegenheit ergreift, um weiter zu wachsen. Auch der Prozeß der Demokratisierung wird diesem Ziel untergeordnet: die Multiplikation der Wahlämter (bis hin zum Abgeordneten eines Stadtviertels oder dem Elternrat einer Schule) ist keine Gelegenheit, neue Formen der Teilhabe mit anderen Handelnden auszuprobieren, sondern beschenkt die Parteien mit neuen Posten, auf die man neue Bürokraten hieven kann. Das gilt auch für die Ausdehnung des öffentlichen Sektors im Namen der Dienstleistungen eines Wohlfahrtsstaates.

Nicht mehr Repräsentanten miteinander streitender Interessen, sondern in erster Linie Besitzer eines eigenen, für alle gleichen Interesses (die eigene Reproduktion und Ausdehnung), gleichen sich die Parteien immer mehr, nur die Konkurrenz bei der Verteilung des Kuchens kann vergiftete Töne hervorbringen. Dies Phänomen bedroht das Herz der formalen Demokratie, die Möglichkeit, zwischen wirklich kontrastierenden, wirklich alternativen Angeboten zu wählen. Immer häufiger kann sich der Bürger nur noch mit der Wahl zwischen einer Nachtmütze und einer Mütze für die Nacht die Zeit vertreiben. Kein Wunder, daß die Partei der Nichtwähler jeden Tag neue Liebhaber der Resignation rekrutiert.

Wer nicht wählt, enthält sich, weil er es nutzlos findet zu wählen. Er ist davon überzeugt, daß er an den politischinstitutionalen Mechanismen ohnehin nichts ändern könnte. Jede Untersuchung über Nichtwähler zeigt vor allem Resignation, ohnmächtige Frustration, bereit zur Verzweiflung (und mindestens potentiell zum Abenteuer, sei es umstürzlerisch oder reaktionär). Etwas anderes zu behaupten, ist unverschämt, wenn schon in Mode. Ein Politiker, der diese mitmacht, bezeugt damit nur den Hochmut arroganter Wortklauberei (und feiert im übrigen sich selber). Journalisten oder »Wissenschaftler«, die ihm feierlich zustimmen, genießen das Vergnügen belobigter Diener, den erotischen Kitzel der Rückgratlosen (und sorgen im übrigen für ihre Karriere). Nicht zu wählen ist ein Indiz für verweigerte Demokratie.

Es gibt konkrete politische Maßnahmen (Wahlgesetze, Normen, die Ämter nicht kompatibel machen, Begrenzung der Zahl der Mandate, Regeln für die innere Ordnung in den Parteien), mit denen man den oben skizzierten Phänomenen begegnen kann. Geeignet, das umzukehren, was nur nach ihrem Erscheinungsbild eine »natürliche«, nicht aufhaltbare Tendenz ist, und so den demokratischen Parteien wenigstens teilweise die Funktion wiederzugeben, die die demokratischen Verfassungen ihnen zuweisen.

Es sind Maßnahmen, die im übrigen, zusammen mit anderen, schon früher aufgezählten, dazu taugen, Verdrehungen des demokratischen Prinzips, die Ungleichheit der Chancen und den verweigerten Zugang in Grenzen zu halten.

Die Demokratie muß, will sie sich nicht selbst beseitigen, eine effektive Wahlmöglichkeit garantieren – wir haben das gesehen. Doch Wahl bedeutet Wissen, Information, die Verbreitung aller relevanten Daten. Genau die Komplexität der Probleme wird immer wieder von denen angeführt, die jede Beschädigung, jede Beschränkung demokratischer Prozeduren, jede Ausgrenzung der Subjekte (sprich Bürger) im Namen höherer und unvermeidlicher verwaltungstechnischer Gründe in Kauf nehmen. <u>Aber die Politiker, die diese Reden führen, sind die ersten, die – selbst ohne nachprüfbare Kenntnisse – sich der Experten bedienen, die die verschiedenen Optionen (die einander immer ähnlicheren)</u> in <u>politische Verfahren übertragen.</u> Gute demokratische Politik trüge dafür Sorge, ein Maximum von für den Bürger relevanten Daten unter ihnen zirkulieren zu lassen, statt sich mit Werbeslogans und anderen Heucheleien zufriedenzugeben.

Verlangen wir damit zuviel von den Parteien, sind wir unheilbar naiv? Nur dann, wenn man das Projekt der Demokratie selbst als ein »zuviel«, als naiv betrachtet.

Die Zirkulation des Wissens, der Information, ist entscheidend auch für ein anderes, nicht aufgebbares demokratisches Recht: das der Kontrolle über die Gewählten. In beiden Fällen, dem der Wahl und anschließend der Kontrolle der Gewählten, spielt die Informationspolitik im Arsenal demokratischer Mittel eine strategische Rolle.

Es gibt keine freie Wahl ohne eine freie Presse (und heute: ohne freies Fernsehen). Vor über einem Jahrhundert hat Jules Michelet geschrieben: »Die Presse hat die äußerst wichtige und mühsame Aufgabe einer ständigen Zensur des Handelns der Regierenden.« Freiheit der Information, kritischer Journalismus, Nachrichten für den Bürger (und nicht solche, die ihn zum Vorteil der Regierenden manipulieren), all das ist heute keineswegs normal. Nicht einmal und gerade nicht im so sehr idealisierten amerikanischen Fernsehen (wo man zur Begleitmusik von Dollar-Millionen nicht über die Schnelligkeit, Vollständigkeit und Genauigkeit der Nachrichten diskutiert, sondern über die Anmut der Journalistin, die sie dem Komplizen Zuschauer präsentiert).

Unnötig zu unterstreichen, daß größere oder geringere Pressefreiheit, mehr oder weniger kritische Information in entscheidendem Maß von der konkreten Politik in diesem Sektor abhängen. Der Publizist Indro Montanelli kann von Zeit zu Zeit den Gemeinplatz verkünden, daß ein »Journalist mit Herz und Hoden« jedem Verleger oder Chefredakteur Respekt vor seiner Freiheit beibringen könne. In Wirklichkeit existiert eine Politik, die durchaus in der Lage ist, die Auswahl der Talente zu steuern und die Karriere der biegsamen

Rückgrate und derer zu fördern, die zur Vorsicht und Verschleierung neigen. Eine inhaltliche Politik im Bereich der Information ist entscheidend für die demokratischen Verfahren, die Auswahl und Kontrolle der Repräsentanten, kann sie durchsetzen oder vereiteln.

Kontrolle verlangt schließlich bindend, daß die formale Demokratie transparent sei. Jede Form geheimer Herrschaft, von der eher klassischen (fast immer aus Torheit verteidigten) der *Staatsraison* bis zur täglichen Undurchsichtigkeit, mit der die untere Bürokratie die Rechte der Bürger abwehrt und dem undurchdringlichen Schleier, der die Geschäfte der Ämter und deren Verbindungen mit den Mächtigen der »Gesellschaft« verhüllt: lauter Behinderungen für den Bürger, Behinderungen für die Demokratie und direkte Folgen von Politik (der Regierungen vor allem).

Demokratisches Ethos

Formale Demokratie heißt freie und gleiche Wahl, unparteiische Verteilung der Zugangschancen für die Konkurrenten, ein für alle offener Wettbewerb, Transparenz des politischen Handelns, um die Kontrolle über die Gewählten zu garantieren, keine Mauscheleien zwischen den Parteien, um Repräsentanz zu garantieren.

Kein Wettbewerb ist frei, wenn eine große Mehrheit der Bürger daran nicht teilnehmen kann. Er ist nicht gleich, wenn Vorteile, die nicht aus der Logik des Wettbewerbs selbst stammen, entscheidend ins Spiel kommen. Wettbewerb findet nicht statt, wenn immer dieselben miteinander konkurrieren. Schließlich tendiert jede Wahl ohne eine freie und kritische Information strukturell zum Plebiszit.

All das privatisiert die Politik, verhindert das Funktionieren der Demokratie, läßt sie verfallen, löscht sie schließlich aus. Vielleicht funktioniert das System dennoch, ist stabil und erlaubt es zu regieren. Aber die Demokratie ist kein System ohne Adjektive, vielmehr eines, in dem die Adjektive unendlich viel mehr zählen als das Substantiv. Sonst handelt es sich um eine andere Sache.

Die liberale westliche Demokratie – man sollte es nie vergessen – ist ein fragiles System, die Ausnahme in der Geschichte der Menschheit. Eine riskante Kaprice womöglich. Die Demokratie ist ein paradoxes und nach der eigenen Logik wehrloses Herrschaftssystem, weil es, um sich nicht aufzugeben, auch seinen Gegnern Raum geben, Toleranz gegenüber den Feinden der Toleranz üben muß. Es ist ein Regime gegen die Natur, steht im Widerspruch zu allen Tendenzen, die auf die beruhigende Sicherheit der Tradition, der Unterordnung, der Passivität setzen. Ein sehr abstraktes System, wie Hegel und Marx genau wußten.

Die Demokratie ist nicht begründet und nicht begründbar, sie ist eine freie Schöpfung und Wahl, kein neoutilitaristischer Grübler wird je etwas anderes beweisen können. Um so wertvoller ist sie. Als Herrschaftsform ohne Fundamente kennt die Demokratie nur eine mögliche »Garantie«: ein verbreitetes demokratisches Ethos, immer wieder erneuert, immer tiefer verwurzelt. Ohne Bürgertugend bleibt die Demokratie gefährdet.

Klar gesprochen: Man kann nicht auf demokratische Weise auf die Demokratie verzichten. Totalitäre Regime (der italienische Faschismus und mehr noch der deutsche Nazismus) gaben sich allenfalls den Anschein, demokratische Verfahren zu beachten. Aber demokratische Verfahren bleiben es ihrem Wesen nach nur solange, wie sie nicht deren Subjekt abschaffen, jenes Kollektiv »alle« (in dem jeder als Individuum singulär und unwiederholbar ist), als dessen Funktion die Demokratie ihren Sinn bekommt (und dessentwegen sie erfunden wurde). Mehrheitsentscheidungen bleiben liberaldemokratisch nur, wenn sie die Minderheiten nicht verletzen.

Aber demokratische Verfahren können sehr wohl zum Selbstmord von Demokratien benutzt (und damit negiert) werden. Oder dazu, sie in Winterschlaf zu versetzen. Prozedurale Korrektheit kann durchaus die Verletzung der Verfahren selbst verbergen, da die formale Demokratie auch eine Garantie für Minderheiten ist, gegründet auf der Meta-Norm der Unantastbarkeit des Subjekts »alle«.

Wegen dieser dramatischen Verletzlichkeit der Demokratie ist die Rolle entscheidend, die der Verbreitung und Hegemonie des demokratischen Ethos, der demokratischen Persönlichkeit in der Bevölkerung zukommt. Keine Demokratie kann hoffen zu überleben ohne eine Internalisierung der demokratischen Methode im täglichen Leben.

Es ist nicht wahrscheinlich, daß die formale Demokratie sich behaupten kann, wenn nicht eine große Mehrheit in der Bevölkerung sie als wünschenswert betrachtet. Die Abneigung einer wachsenden Zahl von Menschen gegenüber den Institutionen (und Wahlen) bedeutet deshalb eine Gefahr für die liberale Demokratie, ist ihre aktuelle, bislang noch partielle Verneinung.

Demokratisches Ethos ist gleichzusetzen mit dem moralisch, kulturell, sozial *autonomen* Individuum. Ohne seine Existenz ist die Demokratie selbst absturzgefährdet, sie hat kein anderes »Fundament«, keine andere »Garantie«, als die Hegemonie (also weite Verbreitung) des demokratischen Individuums.

In Zeiten der Massengesellschaft eine Utopie, eine Illusion? Eine unerfüllbare Forderung? Warum nicht mit klarblickender Nüchternheit zugeben, daß sich die Massengesellschaft in wichtigen Aspekten mit der Demokratie in Konflikt befindet, und also jede nachhaltige Politik, die demokratisch sein will, die Pflicht hat, besonders aufmerksam und unnachgiebig zu handeln, im Blick darauf, daß alles, was das autonome Individuum und das demokratische Ethos beschützen und verstärken kann, den spontanen Vermassungs-Tendenzen zuwiderläuft. Wenn die Gefahr größer wird, empfiehlt Realismus größere *Vorsorge*.

Gegner der Demokratie sind alle Feinde des Individuums und seines demokratischen Ethos, ist eine Politik, die es entmutigt, Konformismus, Apathie, Korps- und Herdengeist, Konsumhörigkeit zuläßt, sich zum Spektakel deklassiert. Eine solche Politik ist nicht bloß fragwürdig, *bestreitbar* im Innern der Demokratie, sie disqualifiziert sich durch ihren Widerstand gegen sie, untergräbt deren »Fundament«.

Jede Politik, die das Schweigegebot (die Omertà) der Macht toleriert oder gar fördert, greift die Demokratie an. Die Verwurzelung der Demokratie verlangt einen ihr konformen Lebensstil, eine essentielle Kohärenz gegenüber den Werten der Verfassung, vor allem in den oberen Etagen der Gesellschaft. Hier müßte, wenn wir die Demokratie ernst nehmen, die unbarmherzigste Unnachsichtigkeit walten gegenüber »faulen Äpfeln« der Illegalität und des Mißbrauchs. Wenn die Laxheit dort Komplizen hat, zeugt das von Mißachtung der Demokratie bei den »Fachleuten« für öffentliche Angelegenheiten, den neuen Herren der Politik.

Die Qualitäten der demokratischen Persönlichkeit können als flüchtig erscheinen, als schwer zu definieren, ungreifbar. Ungreifbarer ist jedoch alles, was diese Qualität verneint. Sehen wir zu.

Autonomie bedeutet Unabhängigkeit von anderen nicht schon unter ökonomischen Prämissen (alle sind abhängig vom Wirt, vom Metzger, von unserem Arbeitgeber, mit Adam Smith zu sprechen), aber unter denen des Rechts und dessen, was die Ausbildung einer freien Meinung konditioniert.

Ein unnachgiebiger Liberaler, Alexis-Charles-Henry Clérel de Tocqueville, fürchtete vor allem die Effekte der

Gleichheit: Apathie und Konformismus, die die Freiheit unaufhaltsam korrodieren lassen. Es ist fraglich, ob es wirklich die Gleichheit ist, die das Übel verbreitet. Gewiß ist aber der tödliche Effekt, den es für die Freiheit hat.

<u>Der Konformismus als Attentat auf die Freiheit</u>: das konstantiert <u>nicht die Frankfurter Schule mit ihren</u> apokalyptischen Alpträumen, sondern ein klassisch <u>nüchterner</u> Liberaler, der uns daran erinnert, daß gegen die Demokratie putscht, wer den Konformismus zuläßt oder gar bestärkt. Wer Macht derart an sich reißt, fördert die Entpolitisierung und Verantwortungslosigkeit, und dem folgt die Apathie. Vergiftete Früchte, die die liberale Demokratie nicht ungestraft ißt. Der um seine Potenz gebrachte Bürger garantiert die Verwandlung der Macht in Prä-Potenz. Wahlordnungen, die den Drang zur Mitte erzwingen und damit die fortschreitende Amputation von Dissens – die amerikanischen Präsidentenwahlen an erster Stelle –, ein Verhandlungsresultat durch die zwingende Logik der Bestätigung ersetzend, sind ein Ergebnis des Konformismus, das diesen wiederum verstärkt und institutionalisiert. Ursache und Wirkung.

Die Masse, anonym weil gleich (sozial wie ökonomisch) – das war das Phantasma, das Tocqueville umtrieb. Heute unterminieren Passivität, Stumpfheit vor dem kleinen Bildschirm, der taubmachende Krach der Dezibel, die verbreitete Indifferenz angesichts der Riten der Steuerhinterziehung und jede Politik, die all das fördert, die Demokratie und schwächen ihr Immunsystem.

Liberale von gestern wie Tocqueville, von heute wie Bobbio erinnern uns in diesen Zeiten der Benebelung mit heiliger Obsession daran, daß der Titular der liberaldemokratischen Souveränität nicht ein undifferenziertes Volk mit Neigung zur Geschlossenheit (und sei sie plebiszitär) ist, sondern daß es alle Bürger sind, als Einzelne genommen. Darum ist jede Politik, die die Verwandlung des *Jeder* (eigen und unwiederholbar) in einen Teil der Masse fördert, eine der Demokratie fremde Politik, gerade wegen deren formalistischer und prozeduraler Bedeutung.

Das bedeutet, wenn wir den Tatsachen ins Auge sehen, vom üblichen rhetorischen »Realismus« abgesehen (und gegen ihn!), daß die korporative Reglementierung und eine Parteienherrschaft, die sie widerspiegelt, preist und festigt (vielleicht sogar hervorbringt), mit dem demokratischen Prinzip kollidiert. Interessen im eigentlichen Sinn (per Definition korporativ) höhlen die Identität des Bürgers aus und damit die Grundlage der Bürgerrechte selbst. Sie vernichten sie. Es gibt keine Bürgerrechte (und keine Demokratie) ohne einen unverzichtbaren Kern der Identität des Jeder, der strukturell ohne Interessen ist. Darum ist es geboten, allgemeine »Interessen« (daß auch diese Konflikte bergen, ist offensichtlich), also Ansichten über die Bestimmung des öffentlichen Lebens und die Entscheidungen, die es betreffen, über die korporativen zu stellen, durch eine adäquate Politik, die tägliche wie die institutionelle (etwa auf Wahlen bezogene). Die Waagschale neigt sich dann zugunsten der Demokratie, anstatt zugunsten ihrer Umgehung.

Das demokratische Ethos erhält und verstärkt sich allein durch die praktische Wahrnehmung der demokratischen Rechte. Durch eine aktive Teilhabe. Durch leidenschaftliches Handeln für die Demokratie. Jede Politik, die eine solche Haltung frustriert, behindert oder verbietet, sie enttäuscht und abweist, die demonstriert, daß sich durch eine Wahlentscheidung und der Wahrnahme anderer Verfassungsprozeduren nichts verändert, ist eine Politik, die die Demokratie verneint.

Darum ist die Parteienherrschaft, also das unangreifbare Monopol der Berufspolitiker im gesamten öffentlichen Bereich, eine gefährliche Infektion der demokratischen Ordnung. Genauso wie die Politik als Medien-Spektakel, Begleitmusik der Parteienherrschaft – beides Indizien für den derzeitigen Niedergang in den westlichen Demokratien –, für die demokratische Ordnung haben sie den Effekt einer Gehirnoperation.

Spektakel bilden in der Tat keine Alternative. Politik läßt sich nicht konsumieren wie die Pailletten einer Tänzerin oder die Verführung durch einen Werbespot für besonders große Windeln, ohne dabei die Demokratie selbst zu konsumieren. Eine Wahl ist kein Schönheitstest, Demokratie gibt es nur, wenn sie auf einer effektiven Wahlmöglichkeit und Kontrolle basiert, also einer überlegten Teilhabe an den kollektiven Entscheidungen. Kein Wunder also, wenn der, der sich von der Politik zurückziehen will, erwartet, für seine Stimme bezahlt zu werden; kein mittelmäßiges Schauspiel kann konkurrieren mit dem eines authentischen Rückzugs aus der Verantwortung.

Wenn das Verfahren zum Ritus verkommt, wenn es seine wesentlichen Konnotationen verliert, beginnt die Täuschung. Die Spektakel-Politik ist bereits jenseits eines Ritus: sie ist schlimmer, eine Zirkusvorstellung. Demokratie als Zauberei mit gezinkten Karten, so zeigt sich ihre freche, erklärte Ablehnung. Die Erniedrigung des Verfahrens zum rituellen Spiel ist ein Geschenk an die, die die Demokratie bedrohen, ein vernichtender Schlag für ihr Immunsystem, ein (bereits sich vollziehender) Verrat.

Die politisch/rechtliche Gleichheit hat nichts gemein mit dem für alle gleichen Genuß eines Schauspiels des Rückzugs. Demokratische Gleichheit ist Gleichheit autonomer Individuen. Wird sie verweigert, triumphiert das Massenregime des Gehorsams, des Konformismus, einer ausgebleichten Demokratie. Die Gleichheit des Konformismus bedeutet den Abschied von der Demokratie, ist eine Gleichheit, die das Individuum als Meinungsträger abschafft, ist Gleichheit darin, daß es allen die Bürgerschaft verweigert.

Die Demokratie: Kritik am Bestehenden

Ermutigung oder Einschläferung der Bürgertugend, Widerstand oder Kapitulation angesichts des Abgleitens der Politik in Parteienherrschaft und Show-Busineß: Das ist die Alternative. Viele einzelne politische Handlungen gehen entweder in die eine oder die andere Richtung. In Hinsicht auf die Demokratie und ihre Verfahren können sie nicht als gleich gültig betrachtet werden, selbst wenn sie mit den Regeln konform sind. Eine Politik zu fordern, die diese Tugenden stärkt (und alle Tendenzen ablehnt, die sie entleeren, kämen sie aus einer medialen oder korporativen Verirrung), ist kein Moralismus, sondern Weitsicht. Realismus.

Aufgabe der Demokraten ist es, für die Vollendung der Demokratie zu arbeiten. Eine stringente Verpflichtung, in der klaren Einsicht, daß die vollendete Demokratie ein Ideal ist, das nie erreicht werden kann. Ein Ideal im Sinne Kants. Eine regulierende, nicht utopische Idee. Unerreichbar, aber in der Annäherung faßbar. Um so hartnäckiger muß das Erreichbare gesucht werden.

Die Kräfte, die innerhalb des demokratischen Rahmens miteinander ringen, sind als mehr oder weniger demokratisch daran zu erkennen, wie sie mit den verschiedenen Verfahren zur Sicherung und Reproduktion demokratischer Verfahren umgehen, die wir summarisch und gewiß unvollständig untersucht haben.

In diesem Rahmen begegnen sich ständig Formen einer kohärenten, demokratischen Politik und solche der Resignation, die den Niedergang des Bürgers und der Demokratie selbst fördern. Unnütz, uns weismachen zu wollen, daß die beiden Formen von Politik neutral, gleich gültig und gleichgültig wären in Hinsicht auf die Demokratie selbst.

Im übrigen ist der *Ausschluß* eine authentische Kategorie, die geheime Struktur der abendländischen Geschichte.

Die unablässige Aktion, der eine substantielle demokratische Politik sich widmen muß, um die Demokratie zu vollenden (d. h. sich ihr nähern, wie wir gesehen haben), birgt in keiner Weise die Gefahr der totalitären Verführung durch ein unumkehrbares Ziel in sich. Die demokratische Annäherung, auch wenn wir hofften, sie hätte die Form einer Asymptote, ist nie vor Veränderung gefeit, sie läßt, ihrem Wesen nach, jeder Kraft (und jeder spontanen Regung) Raum, die zum Gegenteil tendiert. Gegner der Demokratie oder ihre inkohärenten Befürworter wird es immer im Überfluß geben, eben wegen des unnatürlichen Charakters ihrer Herrschaftsform, die im Konflikt lebt mit dem Herdengeist, der Unterordnung, dem Konformismus und anderen vertrauenerweckenden »Leidenschaften« der menschlichen Seele.

Im Urheber bestimmter substantieller Arten von Politik einen Gegner der Demokratie zu erkennen, weil er inkohärent ist oder in Savonarolas Sinn »lau«, stellt keineswegs eine andere totalitäre Gefahr dar: die Versuchung, diesen Gegner im Namen der Demokratie selbst zu unterdrücken, nach St. Justs Devise: Keine Freiheit für die Feinde der Freiheit. <u>Volle Freiheit, im Gegenteil, auch für die Feinde der Freiheit.</u> Wer sich dafür einsetzt, die Erfolge auch der inkohärenten Demokraten zu achten, macht keine Konzessionen an den Gegner, sondern beachtet die vertragliche Verbindlichkeit, die dem demokratischen Prinzip selbst innewohnt. Wer nicht so handelt, verliert genauso die Berechtigung zu einer demokratischeren Politik wie jener, der die Verfahren entleeren, den Bürger abstürzen lassen will.

Um kein Mißverständnis aufkommen zu lassen: Die Siege einer im demokratischen Sinn inkohärenten Politik (heute die Normalität) müssen zwar aus Gründen der Kohärenz anerkannt werden, aber man darf sie auf keinen Fall als Bestätigung der Demokratie oder ihrer Praxis ausgeben.

Unnütz hinzuzufügen, daß die Achtung für eine inkohärente demokratische Politik nichts damit zu tun hat, solche Maßnahmen (womöglich passiv) zu legitimieren, die den Kampf für die Verwirklichung der Demokratie unmöglich, also heroisch machen. Gegenüber jeder tyrannischen Verfügung gilt das alte liberale Recht des Widerstands, der Revolte, sogar der bewaffneten. In diesem Fall gibt es einen Feind, der ausgeschaltet werden muß.

Die Erfolge inkohärenter Politik demokratisch zu akzeptieren, heißt schließlich nicht, gegenüber der Abdrift zu resignieren, die unter verschiedenen Modi, aber immer in derselben Richtung heute den Westen kennzeichnet. Eine resignierte Demokratie, dem Bestehenden komplizenhaft hörig, ist eine Contradictio in adjecto.

Der Untergang des Bürgers, die Gefriertrocknung der Demokratie muß nicht das Schicksal der Epoche sein, ihr tödlicher, nicht aufzuhaltender Sturz in den Abgrund. Man braucht auf keinen Gott zu warten, der uns rettet.

Die Verwurzelung oder Entleerung der Demokratie: darum dreht sich das Spiel, also um die Existenz der Demokratie selbst. Eile ist geboten. Wer verliert, ist aus dem Spiel (selbst wenn er sich einbilden mag, es ginge weiter).

Auch wenn die apologetischen Gurus der real existierenden Demokratien das nicht wissen, vergessen, nicht wissen wollen. Eine beunruhigende, schädliche Ignoranz.

Das freigesetzte Individuum

Die Linke ist in der Krise. Überall auf der Welt. Zum Glück ist »Krise« ein ambivalenter Begriff – in der Medizin genauso wie in China. Klinisch bezeichnet man damit sowohl den Zustand vor dem letalen Ende, als auch den Beginn der möglichen Heilung. Im Reich der Mitte schreibt man »Krise« mit zwei Wortzeichen: »Möglichkeit« und »Gefahr«. Was das Wort, auf die Linke angewendet, heute bedeutet, ist traurigerweise offensichtlich, muß aber nicht endgültig sein, wenn man den Weg entschiedener Analyse wählt, statt den bequemen, verführerischen der Verdrängung.

In den achtziger Jahren hat die Kultur der Linken sich die Mode aufdrängen lassen (und sie schließlich verinnerlicht), den Gegensatz Links-Rechts für überholt zu erklären, dabei wäre es darauf angekommen, die eigene Identität nicht nur zu behaupten, sondern neu zu bestimmen. Weil das nicht geschah, identifiziert die kollektive Phantasie die Linke weiterhin mit den totalitären Regimen des Ostens oder allenfalls mit der Politik der in Europa regierenden sozialdemokratischen Parteien. In der Illusion, sich als »modern«, zeitgemäß, vielleicht sogar als »post-modern« zu erweisen, hat die Linke es schuldhaft versäumt, das eigene, dem Anschein nach verbrauchte, ja abstoßende Erscheinungsbild zu erneuern, das ihre Gegner von ihr zeichnen.

Blind für die Tatsachen ist dieser Linken während der ganzen achtziger Jahre weder in ihrer Theorie noch in ihrer Praxis (als Regierung wie als Opposition) je der Verdacht gekommen, daß eine *Sonnenfinsternis* der Demokratie auch die Institutionen des Westens verdunkeln könnte. Und daß dies das eigentliche Problem würde, die Nagelprobe für jedes kritische Denken, jeden politischen Willen zur Veränderung; vor allem im Blick auf die soziale Gerechtigkeit und die materiellen Interessen der Schwächsten in der Gesellschaft. Das Phänomen wurde einfach negiert oder bestenfalls unterschätzt.

Schon Ende der siebziger Jahre hat Václav Havel die westlichen Demokratien klar analysiert: »Dieser unbewegliche Komplex von Massenparteien, verschimmelt und redselig, der nur zum eigenen Vorteil handelt, hat den Bürgern jede konkrete Verantwortung abgenommen und diese einer Schicht von Fachleuten der Macht wie der Politik übertragen.« Das steht, man bedenke es wohl, in einem Text gegen den *östlichen* Totalitarismus, wurde im Gefängnis von einem Dissidenten geschrieben, der entschlossen war, die Verdienste und Vorzüge des westlichen Modells zu preisen.

Die Linke hierzulande wollte nicht begreifen, was für einen radikalen Dissidenten des Ostens evident war: daß das Monopol einer Gilde von Berufspolitikern dabei ist, die westlichen Gesellschaften zu betäuben und die formale und repräsentative Demokratie in eine *Fiktion* zu verwandeln. Denn es ist genau dieser formale Charakter der Demokratie, der sie beschädigt, wenn politische Zugehörigkeit, das Klientelwesen, die »Heiligen im Paradies« mehr Gewicht haben, als das gleiche Recht und der gleiche Schutz, den der Staat (als gesetzliche Ordnung) durch seine zur Unparteilichkeit verpflichteten Diener jedem einzelnen Bürger zu garantieren hat. Nur darin nämlich hat der formale Charakter der Demokratie seinen konkreten und unaufgebbaren Sinn.

Entzogenes Bürgerrecht

Die Repräsentanz hört auf, wenn dem Bürger klar wird, daß man ihn zum Untertanen oder Klienten einer unbeweglichen politischen Klasse degradiert. Wenn er immer weniger auf die Sicherheit seiner Rechte bauen kann, diese Sicherheit *tout court*. Wenn er spürt und erfährt, daß die Politik pervertiert zur Sache *derer da oben*, zum Monopol einer geschlossenen Vereinigung. Wenn er spürt und erfährt, daß Mehrheit und Opposition in einer Dämmerung, in der alle Katzen grau sind, einander immer ähnlicher werden und ihm *seine* Macht zu wählen und zu kontrollieren entziehen. Wenn er spürt und erfährt, daß an die Stelle seiner delegierten Souveränität der Mißbrauch der Macht durch *die da oben* tritt. Unter solchen Bedingungen erfährt der Bürger die Politik als etwas ihm *Äußerliches*; nicht nur die Regierung, sondern die Politik überhaupt erscheint ihm als Gegner von undurchdringlicher Arroganz.

Daraus ergibt sich ein Circulus vitiosus. Der »Bürger« (immer mehr in Anführungszeichen) schwankt zwischen einer Apathie (»ein Politiker ist wie der andere«), die die Herren der Politik noch stärker macht, und der Wut gegenüber *allen* Politikern. Man darf sich nicht wundern, wenn sich Apathie und Wut irgendwann in populistischen oder illiberalen Strömungen Luft machen, in der Illusion, sich darin zur Geltung zu bringen. Das entzogene Bürgerrecht, der Frustration überantwortet, führt zur »freiwilligen Sklaverei«, zu einem weiteren Verlust an Bürgerrechten. Das Gift des Willens zum Gehorsam beginnt zu wirken, das von jedem autoritären Regime verabreicht wird.

Die »Sonnenfinsternis« der Demokratie hat sich in Italien besonders deutlich gezeigt, wo ein Quasi-Regime nicht mehr dem Gesetz unterworfen war, die *Hybris* der Korruption zum System wurde, und alle, die »unbequem« waren, zum Beispiel Juristen und Journalisten, die ihre Pflicht taten, bekämpft und beiseite geschoben werden konnten. Jedoch ist die Demokratie in ganz Europa bedroht oder bereits ersetzt durch eine *Parteienherrschaft*. Parteimaschinen, die einander immer mehr gleichen, monopolisieren (vereint oder abwechselnd) den politischen Bereich. Dieselbe Finsternis zeigt sich auch in den USA, wennschon auf andere Weise: in der Bedeutungslosigkeit der Parteien. Hier wie dort werden die Berufspolitiker als eine Kaste erlebt, die sich durch Kooption aus sich selbst heraus reproduziert, legitimiert nur durch die eigene Existenz, selbstreferentiell und mithin unfähig, den Willen der Bürger zu *repräsentieren*.

Die Linke hat die Betäubung der repräsentativen Demokratie im Westen nicht bemerken wollen; der Bürger erfährt sie ständig als konkrete Verarmung seiner Identität, seiner Hoffnungen, seiner Lebensqualität. Noch weniger hat sie es vermocht, ihr durch eine Politik der konkreten Radikalisierung der Bürger zu begegnen. Daher die Krise. 1989 hat damit nichts zu tun, auch wenn viele das zu behaupten nicht müde werden. Der Fall der Mauer hätte eigentlich die Linke bei den Wählern der Mitte begünstigen müssen, da mit dem Kommunismus auch die Furcht vor ihm zerstört wurde. Es liegt auf der Hand, daß die Flucht vor der Theorie und der Mangel an konsequenter linker Politik die Ohren der Bürger für die Sirenengesänge Silvio Berlusconis geöffnet hat. Frustriert in ihrem Bedürfnis nach authentischen Ausdrucksformen, einer Kommunikation von gleich zu gleich und einer Politik der Teilhabe, suchen diese Bürger eine stellvertretende Befriedigung in der Identifikation mit einem starken Führer, einer autoritären Persönlichkeit, an die sie die Illusion knüpfen, er werde das ihnen Angetane rächen und sie aus ihrer Frustration befreien. Im Populismus wird der Abschied vom Bürgerrecht manifest.

Links muß heißen: Individuum

Die Linke muß also neu *gedacht* und *begründet* werden. Aber sie hat keinen Grund, irgend etwas neu zu *erfinden*. Links sein heißt, heute wie gestern: auf der Seite der Schwachen zu stehen, derer, die sich nicht verteidigen können, die dem größten Risiko ausgesetzt sind. Also heißt links sein: auf der Seite des Individuums zu stehen.

Wenn es auch paradox klingen mag: das *Ethos* der Linken muß auf das *Individuum* als den nicht hintergehbaren höchsten Wert verweisen; auf eine Praxis, die das Individuum ernst nimmt, in täglicher und unnachgiebiger Treue, mit einer Politik, die darauf zielt, *alle* und *jeden einzelnen* als autonom zu konstituieren und ihm die Kontrolle der Institutionen zu übertragen.

Zwei Erscheinungen scheinen diesen Ansatz zu dementieren. Erstens die historische und ideologische Tradition der Linken, die sich in all ihren verschiedenen und häufig gegensätzlichen Tendenzen (wenn man die anarchistischen, rasch beiseite geschobenen einmal ausnimmt) stets geweigert hat, das Individuum auf den Schild zu heben. Noch entscheidender der zweite Umstand: Das Individuum erscheint nicht bloß als *Antagonist*, den die Linke systematisch kritisiert hat, sondern als schon in Erscheinung getretener *Protagonist* der modernen Welt in Gestalt der »bürgerlichen Persönlichkeit«, die die darwinistische Szene in der Marktwirtschaft beherrscht. Sich ihr anzugleichen kann in der Tat nicht die Aufgabe sein, eher müßte es sich darum handeln, sie aus ihrer beherrschenden Rolle zu verdrängen, damit die Gesellschaft zur Harmonie einer solidarischen Gemeinschaft findet.

Beginnen wir mit der Moderne als der vorgeblichen Verwirklichung des Individuums. In Wirklichkeit ist man dem *Projekt* »Individuum« stets ausgewichen, ist die Moderne die Epoche, die es beerdigte; die Epoche, in der der Unterschied zwischen den feierlich proklamierten Werten und der Praxis der etablierten Mächte größer wurde als je. Die Wahrheit der real existierenden Moderne ist ihre Heuchelei, die das Individuum preist und es gleichzeitig ignoriert.

Denn das »verheißene Land« des Individuums ist der Unterschied, die Differenz. Die extreme Differenz, die durch die einzelne, unwiederholbare Existenz bestimmt wird und die aus jedem einen Dissidenten macht, frei, sich selbst zu entwerfen. Das Individuum ist einzigartig oder es ist nicht. Das Individuum ist *autonom* oder es dankt ab. Es gibt kein autonomes Subjekt, dort, wo die Existenz sich in vorgegebenen Rollen erschöpft. Darum reicht die Sphäre des Marktes nicht aus, um Individuen hervorzubringen, allenfalls dazu, einen enormen Reichtum zu produzieren.

Die herrschende (nicht bloß vorherrschende) Ideologie behauptet das Gegenteil – sie lügt. In der Wirtschaft ist das Individuum noch nicht-existent, da jedes »Subjekt« dem Zwang des Marktes unterworfen ist. Der *homo oeconomicus* ist seinem Wesen nach gleich-gültig, denn unter dem Gesetz der Bereicherung und des Konsums werden alle Menschen nur bewertet als Replikanten *eines* Modells. Die Meßlatte für den Erfolg registriert allein die größere Fähigkeit oder das geringere Geschick, sich gegenüber dem stets gleichen Mechanismus konform zu verhalten. Im Hexensabbat der Ungleichheit erhebt sich der Jubel des Konformismus, er verstärkt ihn sogar. Für die Freiheit der Differenz aber gibt es noch keinen Raum.

Der Mensch in der zivilen Gesellschaft wird nicht schon als privater zum Individuum, sondern erst, wenn er frei und effektiv teilhat an der Sphäre der Kommunikation und der politischen Entscheidung. Nur in der Perspektive einer symmetrischen Teilhabe an der Macht wird seine unaufgebbare Verschiedenheit wirksam. Und umgekehrt: wenn die politischen Institutionen auf der Seite des Individuums stünden, müßten sie dies Recht auf Verschiedenheit garantieren und ermutigen. Das heißt, sie müßten dem einzelnen die effektive Möglichkeit eröffnen, nach seinen Bedürfnissen Beruf und Lebensstil zu wählen und sogar die einmal getroffene Wahl zurückzunehmen, zwischen verschiedenen Existenzmöglichkeiten zu *vagabundieren*. Sie müßten jedem einzelnen die äußeren Bedingungen für so viel Freiheit sichern und, als deren Voraussetzung, die kritischen, kulturellen Maßstäbe entwickeln, ohne die alle guten Absichten frivol werden.

Häresie gegen Individualismus

Die politischen Institutionen haben also die Aufgabe, den heilsamen Virus der Häresie verbreiten zu helfen, dieses notwendige Gift für die Gesundheit des Individuums. Jede Meinung ist ihrem Wesen nach häretisch gegenüber jeder anderen; es ist kein Zufall, daß das Recht auf Häresie die Vorgeschichte des demokratischen Zusammenlebens prägte. Das *Projekt* des Individuums ist genau dies gebieterische Projekt, ohne das das Wort *Individuum* nie zum Wert und zum Synonym für *Würde* werden kann.

Um kein Mißverständnis aufkommen zu lassen: Individuum in unserem Sinn ist nicht deckungsgleich mit Individualismus. Dies ist ein entscheidender Punkt, der festgehalten werden muß, gegen jede Vulgarisierung (sei sie individualistisch oder anti-individualistisch). Der Individualismus ist nichts anderes als die Ideologie, die das Individuum als Differenz negiert.

Der Individualismus kennt und feiert ausschließlich die Hybris des Gegebenen. In dieser Eindimensionalität verlischt die Autonomie im Wettbewerb zwischen einander zum Verwechseln ähnlichen Gleich-Gültigen.

Gegen diese Amputation, die typisch ist für den konservativen Liberalismus, muß die Linke das Individuum behaupten. Die Aufgabe kann im Grunde niemand leugnen, schließlich sind wir alle Individuen. Das Individuum als *Jeder* aber ist nicht *Irgendwer*, der sich abgrenzt von den anderen, die er nicht verstehen will. Gerade darum muß die Linke auf einer *Praxis* bestehen, die sich dem Individuum als der *conditio humana* verpflichtet, als der konkreten Erfahrung jedes Mitglieds der Gattung Homo sapiens.

Erste, unabweisbare Konsequenz: das Individuum ist schon bei der Geburt unterdrückt, wenn es nicht mit gleichen Chancen zur Welt kommt. Zumindest in dem, was diese ausmacht: mögliche Teilhabe an der Macht und freie Bestimmung über das eigene Leben. Diese konkrete (und nur mit Mühe erreichbare) Gleichheit ist kein Accessoire der Freiheit, sondern die unaufgebbare Heimstatt der Differenz. Ohne sie gibt es kein Individuum, sondern nur Privilegien, auf deren Basis Chancen zugeteilt werden.

Die Linke muß sich also als politische Kraft konzipieren, die dafür eintritt, daß die Institutionen die Bedingungen für das Individuum herstellen und garantieren – für alle. Nichts anderes meint im übrigen *Republik*: ein Land, wo alle Bürger sind, indem sie es immer mehr werden. Und erst daraus folgend auch Privatleute. Wo es jedem freisteht, auch als *Häretiker* sicher zu leben. Man wird von einer dem Individuum angemessenen Gesellschaft nur dann reden können, wenn die Institutionen allen als Teil der traditionellen (und genauso traditionell mißachteten) Bürgerrechte auch die neuen »sozialen« Rechte zugestehen. Diese sind, wie jene, unabweisbar für die Konstruktion des Individuums als Differenz. Alles andere ist konservative Ideologie, Gerede, das vom Individuum nur handelt, um die eigenen Privilegien zu tarnen.

Bürgerrechte gegen Natur

Die fundamentalen Bereiche, um die es geht, sind klar: Gesundheitswesen, Wohnung, Erziehung.

Jede Chancengleichheit wird zur Farce, wenn angesichts von Krankheit und Tod nicht alle gleich sind. Also auch die gleiche Chance haben, geheilt zu werden. Gerade die Fortschritte der Medizin machen die Ungleichheit monströs, wenn nämlich der Zugang zu neuen Heilmethoden vom Einkommen abhängig ist. In der Vergangenheit wurden die Abgründe der Privilegien von Zeit zu Zeit durch die »großen Gleichmacher« (Seuchen, Krieg) geschlossen, gegen die das Schloß so wehrlos war wie die bescheidene Hütte.

Des weiteren: Eine Bleibe, wo jeder bei sich zu Hause ist, ist eine Mindestforderung, die zur Entwicklung der Autonomie gehört. Ohne eine Wohnung, in der man ohne Angst leben kann, gibt es kein Individuum, keinen Bürger, nur Menschen, die materiell im Exil leben.

Schließlich: Ohne effektiven und gleichen Zugang zur Kultur und allen Ausbildungs-Angeboten werden die ungleichen Chancen, die aus verschiedenen familiären Umgebungen herrühren, vergrößert. Sie müssen getilgt werden, bis hin zu einer tendenziellen Abschaffung der Erbschaft, soll die liberale Herausforderung der Chancengleichheit nicht zur Rhetorik verkommen.

Individuum meint diese Rechte. Alle und für alle. Unumgehbar im *Blick* auf das Individuum. Höchst fragile Rechte, weil sie der Natur widersprechen, *soziale* Rechte, wie die Bürgerrechte auch, nebenbei bemerkt, beide also mit derselben Hartnäckigkeit zu hüten.

Ich lehne deine Meinung ab, aber ich schlage mich bis zum Tod für dein Recht, sie zu sagen: Voltaires Formel macht den absolut *künstlichen* Charakter der Meinungsfreiheit evident. Alles im Menschen wehrt sich dagegen, bis zum eigenen Untergang die Meinung eines anderen zu verteidigen, die man für einen verwerflichen Irrtum hält. Denn um den als legitime Meinung zuzulassen, muß man vorher die eigene Wahrheit zur Un-Sicherheit herabstufen. Mehr noch: Der Verzicht auf den eigenen Narzißmus muß von jedem einzelnen als *einzige* existenzielle, *nicht aufgebbare* Wahrheit für das Zusammenleben der Individuen akzeptiert werden. Eine keineswegs schwache Wahrheit und ein keineswegs leicht zu vollziehender Akt der Bescheidenheit.

Weil sie gegen die Natur ist, erfordert solche Toleranz eine öffentliche Macht, die nicht mit sich handeln läßt, wenn es darum geht, *jeden* Irrtum zuzulassen. Eine Macht also, die sich selbst beschränkt, durch Ausgleich und Kontrolle. Eine Macht, die eine freie und kritische Presse *erwartet* und nicht nur toleriert. Das gilt, mit entsprechend größerer Dringlichkeit, auch für das Fernsehen. Eine Macht weiterhin, die eine unabhängige, nur dem Gesetz unterworfene Strafverfolgung unterstützt, also für die reale Macht unbequem ist, eine Macht, die Transparenz in ihren Handlungen nicht bloß erlaubt, sondern aktiv garantieren und damit die Instrumente gegen die eigene Korruption stellen soll.

Das schließt ein allgemein anerkanntes *Ethos* des Nonkonformismus ein, das von den Institutionen geschützt und gefördert werden muß, nicht nur in den anonymen Großstädten, sondern noch im letzten Dorf in der tiefen Provinz. Es bedingt die Einsicht, übersetzt in nicht zur Disposition stehende Institutionen, daß Übereinstimmung in der Demokratie – das Prinzip der Mehrheit – zwar wichtig ist, aber sekundär. Das Erste ist die Garantie der Bürgerrechte für jeden in seiner Eigenschaft als Dissident gegen den Anspruch der Mehrheit.

Links sein meint Legalität

Legalität ist die Macht der Machtlosen und damit ihr materielles Recht par excellence. Wo Mafia-Familien oder auch nur Jugendgangs das Sagen haben, ist die Herstellung von Legalität der entscheidende Freikauf von einer demütigenden Alternative, die entweder die Unterordnung unter die Logik der organisierten Gewalt verlangt oder den sinnlosen Heroismus des einzelnen in einem von Hobbes' Prinzipien beherrschten Alltag. Aber selbst wenn es soweit noch nicht ist: jede Korruption, jede Vorteilnahme, die unbestraft bleibt, jedes mit Füßen getretene Recht, jede verweigerte Gerechtigkeit bedeutet im Grunde Ausbeutung und Verarmung der Machtlosen. Der Kranke, der als Nummer behandelt wird, der Randständige und Obdachlose, der sich vom Polizisten nicht beschützt weiß, sondern in ihm eine zusätzliche Bedrohung erfährt, der Arbeiter, dem sein Unternehmer Knebelverträge aufzwingen kann, der Bürger, dem die Spekulation Natur und Kunstwerke wegnimmt – sie alle verlieren *materiell* etwas. Legalität meint um so strengere Bestrafung, je größer die Macht dessen ist, der die Gesetze verletzt. Genau das Gegenteil ist in den real existierenden Demokratien die Regel. Um es ganz klar zu sagen: Legalität in diesem Sinn hat nichts zu tun mit *law and order*, mit einer Politik, die die Ordnung des *establishments* und dessen Interessen verteidigt, selbst um den Preis der Rechtsbeugung. *Law and order* – das ist nur die Liturgie einer Legalität, die dieser die Materie verweigert und damit auch den Geist.

Das »fast nichts« der Freiheit

Es erscheint paradox, die Linke mit der Verteidigung des Individuums zu betrauen. Aber sobald wir das Individuum ernst nehmen, es abheben von der Karikatur, die die individualistische, konservative Ideologie ihm zumutet, wird es schon weniger paradox.

An diesem Punkt wird ein fundamentaler Einspruch wirksam, der sich nicht gegen die Identifikation der Linken mit dem Individuum richtet, sondern gegen das Konzept des Individuums überhaupt. Ist nicht die freie Selbstbestimmung nur ein Wunschtraum, eine Chimäre? Ein Delirium des Egoismus? Nichts da mit dem autonomen Willen: wir sind *Geworfene*, vor allem. Alles in der menschlichen Existenz ist Kontigenz und Notwendigkeit. Schicksal, allenfalls. Weder wissen wir, was wir nachts träumen, noch haben wir Einfluß auf die Chromosomen unserer DNA, von der Kultur ganz zu schweigen, die Geschichte und Gesellschaft uns tradieren und die wir von der Kindheit an für den natürlichen Ausdruck der Wahrheit halten. Dennoch: gerade weil wir den freien Willen des Individuums als »fast nichts« erkennen müssen, wird es um so nötiger, das bedrohte, parzellierte Gelände der Autonomie zu beschützen und zu pflegen durch liberale Institutionen, in einer Gesellschaft, die sich selbst als offen begreift. Denn dieses »fast nichts« ist das kostbare, unaufgebbare *Alles*, für das sich die Demokratie entschieden hat – gegen die Natur.

Historisch ist der Begriff »links« in der Französischen Revolution entstanden, als Abbreviatur der »unsterblichen Grundsätze«: Freiheit, Gleichheit, Brüderlichkeit. Grundsätze, die die Linke hochhalten muß, mehr denn je und in *dieser* logischen Reihenfolge. Die Freiheit (die Freiheiten): sie kommt zuerst, ihr folgen Gleichheit und Brüderlichkeit. Was auch bedeutet, daß eine Freiheit, die Gleichheit und

Brüderlichkeit nicht als Konsequenz begreift, sich selbst verrät. Ohne diese Perspektive verliert die Freiheit ihren Sinn. Andererseits können Gleichheit und Brüderlichkeit nur als belehrt von der Freiheit begriffen werden, also entschieden antiautoritär und noch entschiedener antitotalitär. In der Diktatur, auch der des Proletariats, gibt es keine Gleichheit und noch weniger Brüderlichkeit, sondern nur ausufernde Privilegien und eine extreme Atomisierung der sozialen Beziehungen. Die Forderung lautet also: Gleichheit als Gleichheit der Chancen, Brüderlichkeit als allgemeine Anerkennung des Ethos des Dissidenten, in einem öffentlichen Raum, der symmetrisch ist und allen gemeinsam.

Die Abbreviatur der Werte stößt auf *emotionale* Verhaltensweisen, die sich als Empörung gegenüber dem Existierenden zusammenfassen lassen. Die Linke ist, im tiefsten Sinn, Ausdruck dieser Empörung, sie weigert sich, soziale Ungerechtigkeit als unveränderbares Schicksal (eine Art Erbsünde) zu akzeptieren. Wenn diese Empörung sich nicht verliert in der Utopie einer Wiedergeburt, so kann sie, wie Merleau-Ponty sagt, eine Art der Erkenntnis sein.

Marxismus und Konformismus

Die Parteinahme der Linken hat also eine ethisch-emotionale Voraussetzung, daraus bezieht sie ihre konkrete Kraft. Der Marxismus behauptet dagegen, daß darin ihre Schwäche liege. Er lehnt jedes *Projekt* als moralistisch und utopistisch ab. An seine Stelle setzt er die Objektivität des historischen *Prozesses*, in dessen eiserner Folgerichtigkeit er den Schlüssel zu jeder Veränderung sieht. Der Kommunismus ist für Marx nichts anderes als »die reale Bewegung, die den gegenwärtigen Stand der Dinge verändert«. Er zieht daraus die Konsequenz, daß der Kampf der Menschen nur begleitet und unterstützt, was bereits in den Chromosomen des Werdens eingeschrieben ist, als gehe es nur noch darum, die »Schmerzen seiner Geburt« abzukürzen. Doch damit widerspricht Marx im Grunde dem eigenen Programm, das er in der berühmten 11. Feuerbach-These proklamiert: »Die Philosophen haben die Welt nur verschieden *interpretiert*; es kömmt drauf an, sie zu *verändern*.« Es hat keinen Sinn, von Veränderung der Wirklichkeit zu reden, wenn anstelle der Arbeit für bewußt gewählte und unsichere Ziele die Unterordnung unter einen vorbestimmten und objektiven Gang der Dinge tritt.

Der vorgebliche Realismus ist willkürlich. Er dient Marx nur dazu, einer Meinung, die eminent, wenn schon uneingestanden philosophisch ist, den Anschein eines quasi naturwissenschaftlichen Fundaments zu geben. Bei Marx wird eine analytisch-ökonomische Kategorie, die der Arbeitskraft als Kapital, identisch mit einer sozialen Klasse, dem modernen Industrie-Proletariat. Aber dies ist nicht gleichzusetzen mit den realen Arbeitern, die den Tag im Tausch gegen Lohn am Band verbringen. Daß das Proletariat als Arbeitskraft eine vorbestimmte Rolle spielen muß, die das kapitalistische System zum Verschwinden bringt, diese Vorstellung schränkt die authentische Arbeiterschaft auf die mit Klassenbewußtsein begabten Arbeiter ein, also die Fraktion der Arbeiterklasse, die Marx' Annahmen teilt. Es ist offensichtlich, daß *diese* Arbeiterklasse sich als Erbe der klassischen deutschen Philosophie präsentiert, als Instrument, mit dem sich das *Ganze* in der Geschichte durch ein soziales Subjekt wahr machen läßt, das nicht so sehr die eigene Situation verbessern, sondern sie abschaffen will, indem sie das Kapital selbst abschafft.

Genau diese Reduktion der konkret existierenden Arbeiter, die konkret in den Fabriken ausgebeutet werden, zu einer philosophischen Kategorie öffnet den Weg zum Konzept der leninistischen Partei und zu ihrer totalitären Praxis. Sie verbirgt den Charakter des »Sollens«, der Wahl, der ethischen Vorentscheidung und der politischen Ziele, die daraus folgen; sie behauptet statt dessen seine »Wahrheit« als objektiv und wissenschaftlich begründet. In dieser Hinsicht, und das ist entscheidend, stellt der Marxismus eine besonders effektive Form einer *kognitiven Ethik* dar, die entscheidender als jede andere Philosophie und Ideologie das »Sollen« ins Sein überführt, in ein Surrogat Gottes, der im Marxismus durch die Totalität der Geschichte ersetzt wird. Und zeigt so, als tragische Illustration, das totalitäre Potential, das jeder Ethik dieser Art wie ihr Schatten folgt, weil sie dazu neigt, die eigene moralische *Meinung* als objektive Wahrheit auszugeben.

Feminismus, Multikulturalismus, Logik des Einen

Fassen wir zusammen: Nichtanerkennung der konkreten individuellen Identität zugunsten der kollektiven (der Klasse). Reduktion dieser zu einer bloßen philosophischen Kategorie. Scherbengericht über den Dissidenten und sein Ausschluß aus der gemeinsamen Identität. Zusammenfall von Wahrheit und Ideologie, und daraus folgend Herausbildung einer Autorität, die allein legitimiert ist, sie zu interpretieren und zu verwalten. Genau so arbeitet die Logik des *Einen*, das verspricht, die ganze Menschheit zu emanzipieren, statt für *alle* die Annäherung an die Bedingungen der Individuen zu suchen. Im Gegensatz dazu vermeidet die Perspektive eines der Freiheit verpflichteten Reformismus nicht nur die totalitäre Gefahr, die der Logik des Einen inhärent ist, sondern erweist sich als anspruchsvoller, schwieriger, notwendiger, in Hinsicht auf die Emanzipation aller, als jede kommunitäre Verkürzung. Das Problem ist alles andere als akademisch, angesichts der Tatsache, daß die Mode der »political correctness« sich auch in weiten Bereichen der europäischen Linken eingenistet hat und die multikulturelle Gesellschaft als erhofftes und fortschrittliches Ziel etablieren will.

Auf den ersten Blick schwingt der Multikulturalismus das Banner der *radikalen* Differenz. Aber er verwandelt sich unmittelbar in Konformismus, eine erzwungene Identität. Die einzigen als nicht entfremdet gefeierten und also zugelassenen Differenzen sind kollektiv: Geschlecht, Rasse und eventuell die sexuelle Vorliebe. Aber nie das Individuum als Dissens gegenüber der Identität der Gruppe. Die Analogie zum marxistischen *qui pro quo* zwischen dem »realen« Arbeiter und der Arbeiterklasse ist eindrucksvoll.

Der Feminismus proklamiert die Notwendigkeit, die Geschlechterdifferenz *anzuerkennen*. Aber die reale Frau, die sich weigert, sich darin wiederzuerkennen, wird von der feministischen Ideologie als Frau ohne »Geschlechtsbewußtsein« betrachtet. Eine Frau, die nicht automatisch Frau ist, weil sie sich noch dem maskulinen Modell unterwirft. (Genau wie der nicht klassenbewußte Arbeiter gar kein Arbeiter sei, sondern ein verkappter Kleinbürger, wie Lenin meinte.) In Wirklichkeit verlangt der Feminismus nicht die Anerkennung der Differenz der Frau, sondern drückt der Frau die Ideologie der Differenz auf, macht einen diskriminierenden Unterschied zwischen der bewußten Frau und einer Art weiblichem »Onkel Tom«. Dasselbe ist übrigens mit dem Radikalismus der Schwarzen geschehen und geschieht gerade gegenüber den Homosexuellen, die sich weigern, sich zu »outen«.

Mehr noch. Da es nicht nur eine feministische Ideologie gibt (oder schwarze, oder homosexuelle ...), sondern diverse, miteinander konkurrierende Schulen, beansprucht jede, das richtige, also wahre Bewußtsein zu haben. Und verdammt alle anderen, denen sie vorwirft, vor dem Feind kapituliert zu haben. Auch das ein *déjà vu* des Marxismus-Leninismus.

Die Ideologie der Differenz negiert in der Realität die Differenz selbst. Dies gilt, mit noch größerer Radikalität, für Rassen und Ethnien. Dort feiert die Anpassung des einzelnen an die Gruppe, die Außenbestimmung seines Willens ihren ärgsten Triumph. Der Schutz der Differenz als Attribut einer kulturellen Gemeinschaft, nicht des einzelnen, bedeutet in Wirklichkeit, die Normen und Bräuche der Gruppen anzuerkennen, *so wie sie sind*. Wer es sich im Innern jedweder Kultur herausnimmt, zwischen akzeptablen Normen und »barbarischen, unzivilen« zu unterscheiden, der sieht sich dem Vorwurf ausgesetzt, genau den schmählichen »Imperialismus der Assimilation« zu verteidigen, der sich seinerseits anmaßt, zu verurteilen, was in anderen Kulturen verehrungswürdige Tradition ist.

Gewalt und kollektive Identität

Die Idee eines multikulturellen Liberalismus ist illusorisch, weil der sich weigert, sich selbst mit den Normen auseinanderzusetzen, die in »anderen« Kulturen die bürgerlichen Rechte des Individuums verletzen. Die gleiche Würde aller Kulturen zu behaupten und die illiberalen Praktiken zu übersehen, die in ihnen herrschen, ist eine Tautologie. Echter Multikulturalismus hätte es nicht mit Kuskus zu tun, sondern mit der Steinigung von Ehebrechern und der Vielweiberei, nicht mit dem Schleier, sondern mit der Beschneidung der Klitoris. Und womöglich mit dem Vorschlag, solche rituellen Verstümmelungen in öffentlichen Krankenhäusern zuzulassen, weil ein Baby darauf ein »Recht« habe.

Diese Beispiele sind keine Karikatur. Die Diskussion darüber, wie die Logik der bürgerlichen Rechte mit der des Multikulturalismus zu vereinbaren sei, bleibt nur dann seriös, wenn sie die Streitfälle ins Auge faßt. Es sind mehr als die erwähnten, darunter besonders tragische. In jedem einzelnen Fall ist eine Entscheidung unumgänglich, ob zuerst die Differenz als eine des Individuums gelten soll, oder die Differenz als eine der Kultur. Erstere ist unvereinbar mit der Logik des Multikulturalismus, dem gegenüber man allenfalls ein Lippenbekenntnis ablegt (etwas Zweideutiges und also Gefährliches).

Das Prinzip der multikulturellen Gesellschaft ist das einer zunehmend ghettoisierten Gesellschaft, wo nur die Gemeinschaftsidentität Schutz gewährt, einen drückenden Schutz, handelt es sich doch darum, sich vor jedem nichtkonformistischen Verhalten zu schützen, das nicht der Tradition gehorcht, also Einheit und Stabilität untergraben könnte. Die Entscheidung für den Multikulturalismus, wie die ganze Ideologie der »political correctness«, ist in Wahrheit nur das Surrogat einer nicht stattgehabten Revolution: der der Bürgerrechte für alle. Sie drückt, wenn schon in militanter Form, das Einverständnis mit dieser Niederlage aus; in der Gefahr, sie damit endgültig zu besiegeln.

Versuchen wir den roten Faden wieder aufzunehmen: Die Linke braucht keine neuen Ziele zu entdecken. Freiheit, Gleichheit, Brüderlichkeit sind alles andere als überholt. Ihnen ist nichts hinzuzufügen. Es handelt sich nur darum, sie ernst zu nehmen und eine ihnen adäquate Praxis einzuführen.

Links heißt Kohärenz, Treue gegenüber diesen Grundsätzen. Ein Verhalten, sehr viel mühevoller als jede »revolutionäre« Logik. Ein Reformist akzeptiert es, auf der Grundlage der Fakten beurteilt zu werden, also nach dem, was er zuwege bringt oder nicht. Er hat kein Alibi, hat darauf verzichtet, sich eins zu verschaffen, denn ein Reformismus ohne Reformen ist ein Widerspruch in sich. Er ist verantwortlich für jede versäumte Reform.

Ein Revolutionär hingegen kann fortfahren, sich als solcher zu fühlen – mit dem guten Gewissen der »schönen

Seele« – auch wenn seine Revolutionen fehlschlagen oder degenerieren: die Verantwortung trägt dann die Geschichte, tragen die objektiven, die noch nicht »reifen« Gegebenheiten. Derlei ändert an der Revolution nichts, man kann sie dann und wann wieder versuchen, irgendwann wird sie gelingen. Eine versäumte Revolution ist immer nur eine verschobene.

Linke als liberale Revolution

Kommen wir zum Schluß. Kohärenz allein dürfte nicht mehr genügen. Die Werte von 1789 schienen, bis gestern, beinah in erreichbare Nähe gerückt. Jedenfalls rhetorisch. Selbst die haben sie ausgerufen, die sie mit Füßen traten. Seitdem stellen sich Rechts und Links, im Hinblick auf ein universales Gemeinsames, nicht so sehr als zwei verschiedene Parteien, vielmehr als zwei verschiedene *Verhaltensweisen* dar, die der *Heuchelei* und die der *Kohärenz*. Aber selbst das vorgeblich Gemeinsame wird heute oft genug in der Theorie verworfen, als Lüge negiert, weil es in der Praxis allzulange keine Rolle spielte, nicht beachtet, ja *verraten* wurde (vom *establishment*, aber auch von seinen Kritikern und der Opposition).

Als Folge rehabilitieren viele Menschen, um das versprochene Bürgerrecht betrogen, die Illiberalität, die Bindung an Blut und Boden und einen eifersüchtigen Glauben; so verbreiten sich Intoleranz und Krieg. Der Hochmut der Zugehörigkeit, des Separatismus ist nicht bloß ein bequemer Ersatz für den Kampf um die Annäherung an ein universales Bürgerrecht. Er konstituiert vielmehr, entgegen allen guten und gegenteiligen Absichten, einen Schub für das neue tragische Klima à la Hobbes.

Das Fazit mag für Intellektuelle der Linken enttäuschend sein: Es gibt nichts Neues zu sagen, aber es bleibt fast alles zu tun. Diese Sisyphosarbeit betrifft auch die Theorie, angesichts der Wiederkehr der alten Gespenster in ihren neuen, womöglich hübscheren Kostümen.

Ihnen muß die Linke mit einer *permanenten liberalen Revolution* Widerstand entgegensetzen, denn das Individuum in seinem Eigensinn bleibt die am wenigsten verhandlungsfähige Kritik an der Gesellschaft der Privilegien und des Konformismus. Auf seiner Fahne muß und kann stehen, was Albert Camus geschrieben hat: »Solitaire. Solidaire.« Das Bewußtsein der endlichen Existenz enthält die Aufgabe, darin so etwas wie einen fragilen, provisorischen Sinn zu finden, durch die mit allen geteilte Erfahrung der ernst genommenen Demokratie.

Die Linke und die Legalität

Die Legalität war gewiß nicht die erste, nie verratene Liebe der Linken. Sie hat ihr gegenüber zwar viele Verhaltensweisen praktiziert; entschiedene Zuwendung, die überwältigende Leidenschaft einer Wahlverwandtschaft gehörten jedoch nicht dazu.

Für Feindschaft oder Apathie gab es gute Gründe.

Der Bourgeosie, ihrem Besitz und ihrer Macht, vermittelte Legalität eine doppelte Garantie: zum einen gegen den Angriff einzelner oder die Ungesetzlichkeit der Massen, die die durch die Verteilung des Reichtums bestimmte Ordnung in Frage stellten. Zum anderen gegen einen möglichen Machtmißbrauch ihrer Repräsentanten und den Amtsmißbrauch ihrer Regierungen. Schließlich schützte Legalität vor dem Risiko einer allzu großen Autonomie des Staats, angesichts einer Aufgabe, die vom *Bourgeois* schon verwirklichte Autonomie als die des Menschen zu gewährleisten, der auf Renditen und den Handel mit der zivilen Gesellschaft angewiesen war. Für dies bemittelte Individuum (weit entfernt von *Jedem*) hatte die Legalität die Bedeutung und den Geschmack positiver, unabhängiger Existenz, des gesicherten eigenen Selbst.

Das Proletariat hingegen, das kein autonomes Leben besaß, das zu garantieren und verteidigen war, blieb gezwungenermaßen bloß Eigentümer von elementaren Bedürfnissen, die nur durch eine immer anonymer werdende, gewiß nicht personale *Abhängigkeit* vom Besitz anderer zu befriedigen waren. Es hätte die Idee, selbst autonom zu sein, angesichts der Notwendigkeit, die mindesten Voraussetzungen dafür (Nahrung, Wohnung, Gesundheit) erst noch zu erobern, nur als Chimäre, als schlechten Witz empfunden, den Weg dahin als lang und voller Kämpfe: häufig *gegen* das Gesetz.

Legalität konnten die meisten nur als Schutzschirm der Unterdrückung wahrnehmen. Die geltenden Gesetze traten jeden Maßstab von Gerechtigkeit für die *Individuen,* also für *jedes* Individuum ohne Ausnahme, mit Füßen, auch wenn man es von den Kathedern der individualistischen Ideologie anders hörte. Weil sich Legalität den Bürgern nur in der Form konkreter Gesetze darstellte, hat die Linke der Legalität als logischem Prinzip die Funktion von Mystifikation und Unterdrückung beigemessen, anstatt diese den einzelnen Gesetzen anzulasten (so wie sie im übrigen dem Individuum und seinem Primat den Widersinn zuschrieb, der zu Lasten der Ideologie des Individualismus ging, die – jenseits ihrer Rhetorik – die *konkreten* Individuen, alle, verriet). Der Legalität wurde von der Arbeiterbewegung, selbst der revisionistischen und reformistischen (mit Ausnahme der englischen), eine ihr eigene, also strukturelle Funktion von Opium für die Unterdrückten unterstellt, selbst dann noch, als diese Bewegung auf die Revolution verzichtete und den Weg des graduellen Fortschritts wählte, der sich der Legalität als eines *Instruments* bediente.

Die Arbeiterbewegung sah eine Struktur, wo es sich um Ausschluß handelte, sah Chromosomen, wo es um Lügen, unaufbrechbare Festigkeit, ja Schicksal innerhalb einer historisch-sozialen Formierung, wo es nur um Inkohärenz gegenüber den Werten ging. Daraus ergab sich die Legitimation selbst für radikale Veränderungen. Die soziale Kohärenz des Privilegs steht aber schon virtuell in Opposition zur logischen Kohärenz der Rechte, darum ist die Legalität der Motor für die Autonomie *aller* (jedes einzelnen) und der Horizont, vor dem sie sich (schrittweise) verwirklicht: die versprochene Individualität.

Die guten Gründe von einst sind alt geworden. Lange genug hat allein die Ideologie (zusammen mit der totalitären Produktionsweise und der Staatsraison der jeweiligen Nomenklatura) sie künstlich am Leben erhalten. Mit den bekannten gespenstischen Kosten. Auch wenn der oft erwartete Zusammenbruch des realen Sozialismus in einem noch sehr nahen Gestern geschah, so haben ihn Anarchisten und andere Häretiker aus der Einsicht in die katastrophale Ungleichheit eines Sozialismus der Willkür schon seit 1917 kommen sehen. In einem haben allerdings auch die Häretiker versagt, darin nämlich, zu begreifen, daß sie in die Tragödie eines Sozialismus *tout court* verwickelt waren, und zwar genau wegen ihrer eigenen Feindschaft und strukturellen Indifferenz gegenüber der Legalität. Das legitime doppelte Mißtrauen gegenüber bürgerlichen Apologien und triumphierendem Leninismus hat nicht die luzide Interpretation gefunden, die Modernität als Ausschluß begriff, statt dessen wurde von »Entfremdung« geredet, die durch Unterlassung und Impotenz Komplizen schuf. Dabei wäre es darum gegangen, die Freiheiten und die Gleichheit *ohne* den Sozialismus durchzusetzen, ohne zurückzublicken, aber dafür keineswegs weniger entschlossen. Im Gegenteil.

Legalität und soziale Gerechtigkeit

Die guten Gründe und das gebotene Mißtrauen von einst, obzwar sozial und politisch obsolet geworden, überleben bis heute als verführerische ideologische Überbleibsel, als ständige Selbstverletzung, die die Linke daran hindert, die Legalität als Strategie und Inhalt einer eigenen Politik der Gleichheit und Freiheit (der Freiheiten im Plural!) voranzustellen. Das macht sie blind für die immer engere Verbindung, die wirkliche Übereinstimmung zwischen einer beim Wort genommenen Legalität (will sagen ihrer kohärenten Praxis im Bereich ihrer Bedingungen, Implikationen und logischen Konsequenzen) und den Werten der Linken, einschließlich der sozialen.

Legalität bedeutet natürlich nicht schon soziale Gerechtigkeit. Aber viele *soziale* Ungerechtigkeiten dauern fort, solange die Illegalität der Mächte und Mächtigen jeder Couleur nicht systematisch bekämpft wird, vom erheblichen Amtsmißbrauch der Herrschenden bis zu den kleinen Übergriffen, der alltäglichen Gewalt und Demütigung. Die Linke begreift es nicht. Ihre Krise wird zur irreversiblen Verspätung, wenn sie es versäumt, dem Ariadne-Faden der Legalität zu folgen, diese zur Strategie zu machen; wenn sie fortfährt, sich im obsoleten Labyrinth der Sozialdemokratien und der Berufspolitik zu verlieren.

Zu ihrer Blindheit gehört es, nicht zu begreifen, daß die derzeitige rechte Strömung Legalität nur vorschützt, um den *illiberalen* »Liberalismus« des Westens weiterzuführen. Damit enthüllt sie dessen dunkle Seite: der Westen als Ausschluß. Wenn die Rechte den Gegensatz zwischen proklamierten Werten und praktizierten Prinzipien verbergen kann, so nur, weil die Linke ihr masochistisch die ideologische Hüterrolle auf dem Territorium dieser Werte überlassen hat, anstatt sie der Mißachtung zu überführen. Das setzte freilich die Annahme dieser Werte als unverzichtbar *eigener*, für die eigene Identität konstitutiver voraus – ohne mentale Reserven.

Anders ausgedrückt: Legalität, als Strategie und kohärente Praxis beim Wort genommen, ist heute mehr denn je die Macht der Machtlosen. Man könnte sogar behaupten, daß die Revolution die Legalität zwar nie geliebt hat, daß aber eine Politik der Legalität heute die radikalste aller möglichen Revolutionen wäre, und darüber hinaus die erste wünschenswerte, die allen anderen vorausgehen muß (dabei mag offenbleiben, ob man sich nicht wünschen sollte, es wäre auch die letzte).

Das Gesetz, das Vorrang hat vor der Macht. Die Macht, die dem Gesetz gehorchen muß. Genau dies *Abstraktum* ist es, das auf den Prüfstand zu stellen wir nicht mehr gewohnt sind, in dem Glauben, es sei schon verwirklicht. So verwechseln wir die Fata Morgana der Ideologie mit der Oase der Realität. Es handelt sich jedoch darum, dies Abstraktum zu *denken*, in der ganzen Fülle seiner Implikationen. Der erste und unverzichtbare Sinn der Legalität lautet also: die Verantwortung und die Schuld für jede Verletzung der Gesetze, die dem Zusammenleben und also *allen* Bürgern zugefügte Wunde, wird größer mit jedem Machtzuwachs derer, die die Verletzung begangen haben. Um so härter und unverhandelbarer muß die Sanktion sein. Die Macht ist in der Tat Hüter und nicht Untermieter der Norm. Und niemals ihr Herr. Die Schuld wächst also in geometrischer, exponentieller Reihe als Folge jedes arithmetischen Zuwachses an Macht, fände er im politischen, ökonomischen, juristischen Bereich statt (und heute auch in den Massenmedien).

Zum Prinzip der Legalität gehört eine nachtragende Unnachgiebigkeit denen gegenüber, die über wachsende Macht verfügen. Genau das Gegenteil ist der Fall, selbst in den real existierenden Demokratien. Die Sensibilität für solche Unnachgiebigkeit zu wecken und zu ermutigen, das bestimmt das Ethos der Legalität. Nur praktizierte Unnachgiebigkeit schärft das Bewußtsein für die eigenen, individuellen Verpflichtungen und bildet das Staatsverständnis jeden Bürgers. Es ist Mode geworden, jedes Beharren auf den Bürgerrechten als weinerlich abzustempeln und die Bürger aufzufordern, »männlich« ihre Pflicht zu tun. Die Reklamation des Primats der persönlichen Verantwortung und der daraus resultierenden Pflichten bekommt jedoch nur dann den wünschenswerten »protestantischen« Ton, verhindert nur dann einen neuen arroganten Konformismus, wenn sie die andere Seite einer ständigen Kritik jedes Machtmißbrauchs in Taten und Unterlassungen der Herrschenden wird.

Es ist ja wahr, daß das eine Revolution im Bewußtsein voraussetzt, besonders in Ländern, die weder eine Revolution noch eine Reformation gekannt haben (oder wo ihre genetischen Nachwirkungen schwächer geworden sind, wie fast überall). Die Notwendigkeit einer radikalen, sich immer weiter ausbreitenden Veränderung der Kultur und des durchschnittlichen Verhaltens darf nicht als Alibi verstanden werden für eine angebliche generelle Mitschuld (Wir alle sind dabeigewesen, als Komplizen mindestens, wir haben alle die Korrupten gewählt, die eine oder andere Ungesetzlichkeit haben wir alle begangen, den einen oder anderen Vorteil angenommen: Wer ohne Sünde ist, werfe den ersten Stein...) – dies wäre nur das Vorspiel zu einer Generalabsolution für die Verbrechen der Herrschenden. Auf dem historischen Ablauf mit Anfang und Folgen muß bestehen, wer verhindern will, daß die Trägheit der Korruption und das Abrutschen in Illiberalität und Pflichtverletzung fortdauern.

Die Veränderung des Bewußtseins, eine höhere Kultur des durchschnittlichen Verhaltens, muß der politischen und institutionellen Umwandlung folgen, dem Verhalten der Justiz und (hoffentlich) der Politiker, wenn sie denn damit rechnen müßten, für Missetaten und Versäumnisse zur Verantwortung gezogen zu werden, die die Mitglieder des *establishments* begangen haben, ganz oben in der Hierarchie der realen Mächte beginnend.

Hier und heute gibt es keinen Platz mehr für das keineswegs interesselose Mißverständnis, das eine Strategie der Legalität als bürgerliches Nachgeben ausgibt, es mit der Politik von *law and order* verwechselt. Diese mit verwünschter Hartnäckigkeit vorgetragene Meinung bemäntelt mit unangreifbaren Idealen eine Praxis systematischer Manipulation und Verachtung der Legalität zugunsten der Mächtigen, großer wie kleiner, unabhängig davon, wie dürftig das Stückchen Teilhabe an den Privilegien auch sein mag. (Man denke nur an den armen Südamerikaner und den noch ärmeren Schwarzen.) *Law and order* ist das Mittel, um die Ordnung des *establishments* zu garantieren, in der Entartung all seiner Spielarten, auch *gegen* das Gesetz. Der Katalog der Verstöße ist länger als die (viel lustigere) Register-Arie des Leoporello im »Don Giovanni«.

Die Geschichte sei kaum mehr als ein Verzeichnis von Verbrechen, Irrwitz und menschlichem Unglück, hat Edward Gibbon gesagt. Die Geschichte der Moderne könnte als Geschichte der Verstöße gegen die Legalität im Namen von *law and order* erzählt werden, begangen durch die verschiedenen Gruppen des *establishments*.

Die Macht der Machtlosen

Nicht ohne Grund. Denn eine entschieden und ausnahmslos durchgesetzte Legalität ist ein *materielles* Gut von größter Bedeutung gerade für die Machtlosen. Unaufgebbar und vielleicht das Wertvollste überhaupt. Machen wir die Probe mit einer summarischen Phänomenologie: Wo die organisierte Kriminalität ein Territorium beherrscht, ihre Leute im Staatsapparat plaziert, sich mit einverständigen politischen, finanziellen, unternehmerischen Mächten verbindet, dort bedeutet die Wiederherstellung der Legalität die Befreiung aus einer Situation der Sklaverei und radikalen Auslöschung menschlicher Würde, in der dem Bürger nur die »Wahl« bleibt zwischen der erniedrigenden Unterwerfung unter die Logik der kriminellen Banden oder sinnlosem Heroismus in einem von Hobbes' Theorien bestimmten Alltag. Aber selbst wenn es so weit nicht kommt, ist jede Zustimmung zu Korruption und Amtspflichtverletzung eine Enteignung, eine *Ausbeutung* der Machtlosen: des Kranken, der als Plage oder Versuchskaninchen behandelt wird; des Obdachlosen, der im Polizisten nicht Sicherheit, sondern eine zusätzliche Bedrohung erkennt; des (bis zum Beweis des Gegenteils als unschuldig geltenden)

Angeklagten, der im Richter einem für seine Rechte Unempfindlichen begegnet; des Opfers, das, ohne Beziehungen, solch einen Richter als bestechlichen oder uninteressierten Routinier im Dienst verweigerter Gerechtigkeit entdeckt; des Arbeitnehmers, dem der Unternehmer den Löwenanteil an den Kosten für den Arbeitsaufseher, die Sicherheitsnormen und gebrochenen Verträge aufbürdet, während die Institutionen einfach wegblicken; des Bürgers, der die Zerstörungen an einer auch ihm gehörenden Natur und den historischen Monumenten mit ansehen muß, die arrogante Spekulation und Trägheit der Behörden anrichten; des die Regeln beachtenden Autofahrers, der sich von Verkehrspolizisten genarrt und mißachtet fühlt, die anderen Straflosigkeit zubilligen; des Unternehmers, der bei allem Talent keine Chance hat, weil er nicht in der Lage ist, korrupte Beamte, gierige Banken und ihre Kontrollpflicht vernachlässigende Börsenaufseher zu schmieren. In all dem realisiert sich materielle Ungerechtigkeit und Schaden für die Machtlosen. Die Bestrafung solcher Verhaltensweisen und die Wiedergewinnung der Legalität bedeutet für sie eine echte Bereicherung.

Unermüdlich sagen wir also: die Legalität ist die Macht der Machtlosen, sie ist die einzige reale Form der Autonomie *jedes Einzelnen* und ersetzt die Autonomie der wenigen Reichen, die offensichtlich nicht verallgemeinert werden kann. Die Verallgemeinerung der Autonomie hängt von einem doppelten Prozeß ab: dem der Bereicherung durch die zurückgewonnene Legalität und die Teilnahme an der Macht (Teil-nahme im doppelten Sinn) einerseits und dem der Neutralisierung der Macht des Reichtums im zivilen und politischen Bereich andererseits. Hier zeigt sich die unauflösliche Verbindung (die wir nicht weiter entwickeln, aber aussprechen und im Gedächtnis behalten) zwischen Legalität und Chancengleichheit, diese ist die logische Folge, ja Bedingung der Legalität, ohne die eine kann die andere nicht erreicht werden. Nicht nur dies. Ohne entschiedene Legalität wird selbst die demokratische Wahl zur Farce, die auf dem Imperativ »*one man, one vote*« beruht. Die Anwendung des Gesetzes darf nicht zum Spielmaterial für politische Konkurrenten werden, es würde damit unwiderruflich verfälscht. Der Wahlausgang bestimmt über die Verabschiedung der Gesetze, aber er darf keine Rolle spielen bei ihrer Anwendung (oder Nichtbeachtung). Würde dies (es geschieht allzuoft) zur zerstörerischen *Grundnorm* der Ordnung, würden damit jene Regierenden beim Werben um Wähler bevorzugt, die nicht eben zur Legalität neigen, die zum Beispiel bereit sind, drakonische Gesetze zu erlassen und deren Nichtanwendung als Tauschware beim Stimmenfang zu benutzen: ein System von Duldung und Schweigen, das bis in die letzten Verästelungen des sozialen Gefüges reicht. In dieser Bereitschaft, der Zustimmung der Wähler den Vorrang vor der Legalität einzuräumen, Stimmen zum Tauschartikel zu machen, liegt die Wurzel dafür, wenn eine schlechte Regierung, mit welcher Mehrheit auch gewählt, zu einem *Regime* im eigentlichen Sinn wird.

Gleichwohl: die Zustimmung der Wähler allein macht noch keine Demokratie. Denn nicht der Zustimmende, sondern der *Dissident* ist die unverzichtbare Figur des demokratischen Lebens. Zustimmung in der Wahlkabine ist zwar das entscheidende, aber doch ein sekundäres Prinzip, es hat seinen Platz im Rahmen einer rigorosen Legalität. Die verlangt, gleichzeitig und unabtrennbar, die Anerkennung des Dissidenten und Unnachgiebigkeit dem gegenüber, der das Gesetz bricht, um so mehr, je größer seine Macht ist. Die Legalität ist nicht identisch mit Konformismus, sie schließt den zivilen Ungehorsam keineswegs aus. Im Gegenteil, dieser erweist der Legalität authentisch darin die Ehre, daß er gegen ein ungerechtes Gesetz ein neues, besseres und dessen Beachtung einfordert; ziviler Ungehorsam scheut nicht einmal

Verfolgung, in der Überzeugung, daß das alte, mit dem Mehrheitswillen konforme Gesetz skandalös rückständig sei, eine Beleidigung jenes ernst genommenen Prinzips, daß die Rechte des Individuums von der Verfassung zu garantieren seien. Ziviler Ungehorsam kann, so betrachtet, zum Instrument der Legalität gegen ein konkretes Gesetz werden, wenn dies gegen die Gleichheit verstößt, ohne die Legalität nicht solide begründet werden kann.

Damit zerbröselt der Einspruch jener bis zur Lächerlichkeit, die einer Linken, die die Legalität zum Sextanten ihres Kurses macht, vorwerfen, sie übernehme die Wertvorstellungen der Rechten. Ob von unrechtmäßiger Aneignung oder opportunistischem Nachgeben geredet wird, je nachdem, ob derlei aus der reaktionären Ecke kommt oder vom revolutionären Ufer – es gibt da eine merkwürdige Übereinstimmung. Die Rechte hat in der Tat niemals *diese* Legalität gemeint, der ungebremsten Hagiographie aufbauender Historiker, stimmenfängerischer Marktschreier oder der Federn des Regimes zum Trotz. Die Rechte hat statt dessen *law and order* auf ihre Fahnen geschrieben, also Strenge gegenüber den Schwachen anstatt gegenüber *allen*.

Politischer Realismus und Moralismus

Die Ehrlichkeit des öffentlichen Dienstes im täglichen Leben einer Demokratie ist keine freiwillige Leistung, sondern eine wesentliche Bedingung ihres Funktionierens. Auch wenn ein vorgeblicher politischer Realismus diese Behauptung als »moralistisch« verlacht, weil ungeeignet, den zwangsläufigen Charakter dieser Instanzen unter analytischen Gesichtspunkten zu begreifen. Denn als Gegengewicht zur politischen Degeneration, so hat es Max Weber gelehrt, hat sich die moderne Bürokratie entwickelt, ein Korps von qualifizierten und technisch kompetenten Beamten mit langer Spezialausbildung, einem im Interesse der Gruppenidentität entwickelten beruflichen Ehrgefühl als Schutz gegen die fatale Gefahr der Korruption und einer sich ausbreitenden Unverfrorenheit, die das verwaltungstechnische Funktionieren des Staatsapparats beeinträchtigen. Weber hoffte darauf, daß sich diese Entwicklung auch in der Ökonomie durchsetze und ständig kräftiger würde. Von dieser Moral des Beamten, seiner Integrität, seiner unersetzlichen technischen Kompetenz, die noch die bloße Routine der Behördentätigkeit präge, weil sie sonst zusammenbräche, handelt Max Webers in der Wolle gefärbter Realismus.*

Diesem Realismus erscheinen Klientelwirtschaft und Korruption monströs gerade im Blick auf die Autonomie auch der demokratisch verfaßten Politik. Der Schwachpunkt der Weberschen Analyse liegt in der Illusion, etwas als historisch bereits gegeben anzunehmen, was zwar eine unabdingbare Bedingung für die Demokratie ist, aber dennoch zufällig und fragil bleibt. Die Leichtigkeit, mit der die bürokratischen Apparate der Legalität abschworen und einem von oben kommenden totalitären Regime ihre Treue bekundeten, zeigt diese Fragilität ebenso deutlich, wie die zunehmende Willfährigkeit des öffentlichen Dienstes gegenüber wechselnden Parteiinteressen in den Nachkriegs-Demokratien. (Der Fall Italien ist der offensichtlichste in einer Entwicklung, die auch Franzosen, Spanier, Belgier und Deutsche angeht.) Die Beispiele sind geeignet, die Hypothese von einem effizienten, loyalen und *integren* öffentlichen Dienst in Frage zu stellen, so als sei er als Errungenschaft nur noch historisch relevant.

* Vgl. dazu: Max Weber. *Wissenschaft als Beruf.* Reihe »Geistige Arbeit als Beruf: Vier Vorträge vor dem Freistudentischen Bund«. »Erster Vortrag«. Duncker & Humblot, München und Leipzig 1919.

Der von Max Weber entdeckte Zusammenhang zwischen dem untrennbaren Paar Kompetenz/Ehrlichkeit und einem bloß technischen Funktionieren der Politik (der demokratischen am stärksten) bleibt dennoch, und mehr denn je, wahr und zwingend. Er muß nun in noch rigoroserer, unnachgiebigerer Weise auch für den Politiker gelten, der den öffentlichen Angestellten beruft und damit seinen Einfluß sichert. Ohne beide Aspekte dieses Paars, wobei die Ehrlichkeit (als Loyalität gegenüber den Gesetzen) noch vor der Kompetenz rangiert, entartet die formale Demokratie zur Fiktion. Diese ist nämlich formal nur in dem Sinne, daß die Form, also das Gesetz regiert, es steht über persönlichen oder parteilichen Interessen des Beamten, und wenn es sein muß, sogar dagegen. Die Klientelenwirtschaft hingegen stellt die auf Abhängigkeit und persönlicher Treue beruhende Beziehung wieder her, die die vormoderne Epoche kennzeichnete; für eine demokratische Ordnung ist sie tödlich.

Folglich stellt der öffentliche, systematische und nicht verhandelbare öffentliche Protest gegen jeden Fall von Korruption, Illoyalität und Illegalität, begangen von Politikern und Beamten, und die Entschiedenheit ihrer Strafverfolgung nicht einen moralistischen Anfall oder puritanischen Exzeß dar, sondern dekliniert das ABC der Staatserhaltung, ein demokratisches Minimum, das die Metamorphose in etwas, das nicht demokratisch ist, durch Sanktionen abwehrt und eindämmt. Deshalb ist, die Schwere des Vergehens betreffend, eine Verletzung der Legalität durch einen Unternehmer nicht zu vergleichen mit der eines öffentlichen Bediensteten, eines Ministers, eines Parteisekretärs. Der erstere macht sich der Korruption und des Diebstahls schuldig, der zweite aber der Korruption und des Diebstahls an der *Demokratie*, auch wenn er alles ihm Zugesteckte an seine Partei weiterleitete.

Wir kommen an diesem Punkt nicht an der Klippe vorbei, die sich als konstitutive Schwäche der Demokratie zeigt: ihre Existenz als die eines *zirkulierenden* Systems von Legitimität, Garantien und Kontrollen, die kein dauerhaftes Fundament haben. Ungeachtet der raffiniertesten institutionellen Vorkehrungen, demokratische Verfahren als autonom zu garantieren, wo immer es geht, von der (zweitrangigen) Wahlordnung bis hin zu allen Kontrollen von Legalität und Verfassungsmäßigkeit, bleibt ein verbreitetes öffentliches Ethos das einzige Fundament. Es gibt kein anderes. Wenn sich unter den Bürgern Apathie gegenüber der Legalität ausbreitet, kann kein institutioneller Mechanismus autoritäre Abenteuer und »südamerikanische« Verhältnisse verhindern; sie kommen im Namen von »Recht und Ordnung«, wahrscheinlich in Großbuchstaben geschrieben.

Die Demokratie ist gezwungen, sich kraft dieses Ethos wie Baron Münchhausen am eigenen Schopf aus dem Sumpf zu ziehen, und es ist nicht erlaubt, die Apathie der Bürger schon als resignierten Abschied von ihr abzutun.

Dafür, daß dieses Ethos die öffentliche Moral (das heißt: die Legalität) der Regierenden wirklich bestimmt, sind zwei Berufe strategisch wichtig und für die Demokratie entscheidend: der des Richters und der des Journalisten. Der Richter, weil der Kreis der Legalitätskontrollen sich nicht anders schließen läßt als durch die Selbstregierung der in der Justiz Tätigen. Und der Journalist, weil er Druck auf die Richter dadurch ausüben kann, daß er das »Publikum« informiert und mittels dessen, was die Medien als »Nachricht« beachten, die relevante öffentliche Meinung kanalisiert.

Eine unaufgebbare Bedingung für jede Demokratie, die diesen Namen verdient, auch wenn der Beruf und die Moral des existierenden Journalismus häufig an Magersucht kranken.

Legalität und Geld

Wir haben bereits festgestellt, daß die Linke, gerade wenn sie ihren Werten treu bleiben will, ihre traditionelle Haltung in Bezug auf den Nexus Legalität/Wählervotum radikal ändern müßte. Analoges gilt, in noch stärkerem Maß, für einen anderen Nexus: den zwischen Legalität und Markt. Bislang hat sich die Linke nie sonderlich über kapitalistische Illegalitäten aufgeregt, so paradox das klingen mag. Sie hielt diese nämlich für strukturbedingt. Die Gründung einer Bank übertrifft an Schändlichkeit jede Beraubung derselben Bank, so haben es Generationen von Genossen Brecht nachgebetet. Auch die Linke, die der Revolution abgeschworen und sich für den reformistischen Weg entschieden hatte, war vor allem daran interessiert, den kapitalistischen Profit durch die Verteilung der Einkünfte zu beschneiden, sich auf diese Weise dem Ziel des »Wohlstands für alle« zu nähern, und nicht so sehr daran, betrügerische Tricks unter Kapitalisten zu verhindern. Hauptsache, die Produktion lief...

Aber sie läuft nicht mehr, wenn Illegalität sich ausbreitet. Der Markt ist keine natürliche, spontane Bedingung wirtschaftlichen Lebens, vielmehr eine künstliche, hoch komplizierte Konstruktion; er verlangt juristische Sicherungen, die um so bindender sein müssen, je komplexer die Marktbeziehungen werden, gemessen an den Zeiten der Pferdemärkte und des Geschäfts per Handschlag. Es mag beunruhigend klingen, aber die Linke müßte sich heutzutage als Garant der Regeln im Kapitalismus verstehen. Oder, genauer: eines von Regeln bestimmten Kapitalismus, bereit, die Vorteile des Konkurrenz-Mechanismus zu begreifen und das Ausufern der Monopole, des Piraten-Kapitalismus, der freundlichen Kumpanei mit politischen Geschäftemachern zu verhindern (die, mit Waffen- und Drogenhandel, in die organisierte Kriminalität abdriften).

Verfolgung der Unternehmer, die von der Schwarzarbeit profitieren (heute oft im doppelten Wortsinn zu verstehen), unablässiger Kampf gegen die Steuerhinterziehung (bei den Großen beginnend und systematisch auch auf die Kleinen ausgedehnt) – schon die Einhaltung dieser beiden, absolut kapitalistischen Regeln würde sofort zum Wachstum realen Wohlstands bei den Arbeitnehmern führen. Dem wäre hinzuzufügen, was sie als Konsumenten, hinsichtlich der Preise und der Arbeitszeiten, betrifft (Zeit ist Geld, oder etwa nicht?), nämlich eine Durchforstung des ganzen Plunders von Genehmigungen, Konzessionen und Lizenzen, dieser alles andere als klaren und »objektiven« Regelungen, die ein altmodisches Verteilungssystem stützen und eine perverse Verflechtung von Politik und Wirtschaft begünstigen. Man müßte sich klarmachen, was eine effektive Börsenkontrolle für die Kleinaktionäre bedeutete und wie wichtig es für die kleinen Unternehmer wäre, daß Kreditbewilligungen nicht von den Intrigen politischer Protektion abhingen. Nicht zu reden von der Verteilung bei der *welfare*, die optimale Bedingungen von Legalität und Effizienz erfordert (Krankenhäuser in den Klauen der Klientelenwirtschaft lassen für den Arbeitnehmer/Patienten allenfalls Dienstleistungen eines Lazaretts zu). Schlußendlich ginge es um die unverzichtbare Regel der Demokratie, die Tauschgeschäfte zwischen Geld, Wahlstimme, politischem Einfluß verbietet. Diese Regel stellt ein materielles Gut höchster Qualität für die Nicht-Besitzenden dar.

Die mangelnde Weitsicht der Linken, die die revolutionäre Bedeutung einer Strategie *einfacher* Legalität, einer aktiven Kritik an den zerstörerischen Praktiken des *establishment* nicht einsehen will, hat ihre Spuren sogar unter demokratischen und progressiven Juristen hinterlassen. Selbst diese haben oft genug über die Notwendigkeit spekuliert, die Gesetze und die Legalität »aufzubrechen« und damit ihren konservativen und reaktionären Kollegen den ganz unverdienten Ruf von deren Wächtern zugespielt. Ein masochistischer Irrtum schon im Ansatz, weil er demokratische Richter in ein schiefes Licht setzt und die reaktionären bestätigt – beides entgegen der Wahrheit. In den Gerichtssälen geschieht ja etwas anderes: es sind in der Regel die demokratischen Richter, die sich aufmerksam und entschieden darum bemühen, die Gesetze unparteiisch anzuwenden und die Autonomie der Justiz gegenüber parteipolitischer Einmischung zu schützen, es sind die reaktionären, die am bereitwilligsten auf die Bedürfnisse der Politiker reagieren und jede unbequeme Ermittlung in Staatsanwaltschaften strategisch wichtiger Städte blockieren. Es geschieht also das Gegenteil von dem, was die Reaktionäre behaupten und was der eine oder andere Demokrat unbedacht zu bedenken gibt (und glücklicherweise nicht tut). Noch einen anderen kostspieligen Wegezoll hat eine selbstzerstörerische Linke, aus ideologischer Geringschätzung einer Legalität, die sie mehr als alle anderen respektiert, dem politischen *establishment* und den kompromittierten Spitzen der Justiz entrichtet: das rhetorische Monopol in der Auslegung von Legalität. Die demokratische Kritik an der »Justiz des Palazzo«, die in vielen Justizbehörden verbreitet ist, wird so neutralisiert durch den immer wieder vorgetragenen Verdacht den Juristen gegenüber, die solche Kritik formulieren, sie seien Extremisten und huldigten einer anti-juristischen Ideologie in der Nachfolge von 68 (was erst noch bewiesen werden müßte). Ein Verdacht, den immerhin die Theorien über ein interpretatives »Aufbrechen« plausibel zu machen helfen. Das *establishment* benutzt ihn als Instrument, um immer systematischer werdende Gesetzesverletzungen zu verdunkeln, die eine enge Machtverflechtung auf dem Weg zum Regime hervorbringen und den Tätern damit Straffreiheit zusichern.

Die Rechtswissenschaft als Alibi

Hier stellt sich, auf der Basis unserer Überlegungen, ein schwieriges theoretisches Problem, das wir nur andeuten können, das aber als Begründung für die Theorie des »Aufbrechens« benutzt wird. Ich rede von der, besonders in den besseren, weil tendenziell antiapologetischen Rechtslehren gehegten Idee, daß die Sicherheit des Gesetzes auf jeden Fall eine Chimäre sei, daß das Gesetz immer und unvermeidlich nichts anderes sei als Interpretation, bis zu dem Schluß, daß es überhaupt nur in den »Aufbrechungen« existiere, faktisch also allein in den Urteilssprüchen. Der Richter *mache* die Gesetze, anstatt ihnen zu gehorchen, möge uns das gefallen oder nicht. Der Rest sei nur eine Illusion, der die *Wissenschaft* vom Recht nicht zustimmen könne. Konsequenz: Legalität sei nichts anderes als der wechselnde geometrische Punkt aller verkündeten Urteile.

Eine wissenschaftliche, korrekte Beschreibung muß zur Kenntnis nehmen, daß das geltende Recht in der Realität nichts anderes ist als die Summe der Urteile. Nicht mehr, nicht weniger. Aber diese wertfreie Einschätzung der Rechtswissenschaft treibt auch ihre eigene Antinomie hervor, die die Möglichkeit des Rechts als Wissenschaft überhaupt in Frage stellt. In der Tat, wenn die Legalität eines Landes sich nicht in den Gesetzbüchern finden läßt, sondern nur in der Summe der Urteile, könnte man – es wäre genauer – auch sagen, sie bestünde in der Summe aller verhängten Strafen. Anders ausgedrückt: wenn der, der die Gesetze macht, derselbe ist wie der, der sie auslegt, dann ist nicht einzusehen, daß der Richter die letzte Instanz sein sollte, es könnte auch der Gefängniswärter oder der Henker sein. Wenn Realismus und juristischer Positivismus verlangen, daß das Sein des Gesetzes als das beschrieben werden muß, was es ist und nicht als das, was es *sein soll*, werden Gefängniswärter und Henker in der

Tat zu den nicht rückrufbaren Interpreten der effektiv geltenden Gesetze. Und in einem gewissen Sinn ist das auch so.

Wenn es aber *nur* so wäre, wäre das Gesetz nichts anderes als das, was in seinem Namen angerichtet wird. Dann könnte man von keinem Urteil, keiner Strafe, keiner Vollstreckung sagen, sie sei im juristischen Sinne ungerecht, zumal dann nicht, wenn ihre Urheber selbst von Sanktionen bedroht wären. Damit endeten wir beim juristischen Nihilismus, dessen die Realisten und Positivisten wirklich beschuldigt werden, freilich von der nicht haltbaren Position eines »Naturrechts« aus, die schon Ockham destruiert hat. Wenn illegal nur das ist, was bestraft wird (bis hin zu einer nicht existierenden Schuld), ist es völlig gerechtfertigt (im Sinn der Kohärenz), wenn sich juristischer Realismus bis in das Extrem verliert, als Aufgabe der »Wissenschaft« nur die faktische Feststellung der Wahrscheinlichkeit eines Urteils anzusehen und nichts anderes. Geschehenes zu kritisieren, ein Urteil zu beurteilen, seine Rechtswidrigkeit ans Licht zu bringen, wäre dann unwissenschaftlich, weil dies an die Stelle einer bloßen wissenschaftlichen Beschreibung Überlegungen setzte, die Folgerungen hätten.

Jede »Wissenschaft«, die es mit Normen zu tun hat, kann, aller Anstrengung zum Trotz, nicht »rein« beschreibend sein, sie ist gezwungen, ein Element von Vorschrift und Norm *anzunehmen*, also zu *wählen*. Unvermeidlich, in voller Verantwortung für die Folgen. Ist dies Element der *Wahl* nicht bloße Willkür? Autorisiert es nicht zu ungebremstem Subjektivismus? Mit der zweiten Frage würden wir nüchtern und verzweifelt den betrügerischen Charakter des Gesetzes anerkennen, seine Natur als die eines rituellen Fetischs, der feierlich brutale Machtverhältnisse mit dem Hermelin des Richters aufputzt.

Wenn der juristische Realismus in seiner Kampagne gegen die Illusionen des Naturrechts dazu diente, das Existierende zu sanktionieren und als rechtsförmig alles anzuerkennen, was sich als solches ausgibt, und diese Kampagne erfolgreich wäre, hätte die *vollendete Tatsache* ihre nicht mehr zu brechende Herrschaft angetreten über die Schlüssel-Strategie für eine Veränderung hin zu dem menschlichen Zusammenleben, das das Wort Gerechtigkeit meint. Der Königsweg der »Wissenschaft« und der Kritik ist es, eine Wertvorstellung zu *wählen*, und das kohärent zu tun. Im Falle der Legalität bedeutet das auch, den Diskurs der Selbstverständigung, seiner Annahmen und der daraus folgenden Konsequenzen ernst zu nehmen: gleiches Recht für alle, Rechtssicherheit, die allgemeine Souveränität der Bürger in der Gesetzgebung, die Unantastbarkeit der (zivilen, also künstlichen und keineswegs natürlichen) Gesetze – Voraussetzungen, ohne die der Einzelne von der Allgemeinheit ausgeschlossen bliebe (auch in dem Sinn, daß durch von der Mehrheit durchgesetzte sukzessive »Säuberungen« unter »Dissidenten« die Allgemeinheit der Subjekte nichtig würde). Auf der Basis solcher kohärenten Annahmen müssen die Fakten bewertet werden, die sich als per se rechtsförmig ausgeben, und das Maß ihrer vorgeblichen Gültigkeit in jedem einzelnen Fall. Einige Beispiele: Je klarer und eindeutiger eine Norm ist, desto mehr erleichtert sie gleichförmige, »geometrische« Urteile und damit die *Sicherheit*, die konstitutiver Bestandteil der Rechtsprechung ist. Je mehr eine Norm sich von diesem Modell entfernt, desto weniger normativ ist sie, weil sie die Willkür der Interpretationen ermutigt und »rechtfertigt«. Oder: das Verhalten der Polizei nähert sich dem Kriterium der Legalität um so mehr, je wissenschaftlicher ihre Untersuchungen sind, ohne Ansehen von Status und Macht, wessen auch immer, und mit Respekt vor den Rechten und Garantien von jedermann.

Legalität allein genügt gewiß nicht, will man eine libertäre, reformerische Politik, eine der Gleichheit. Eine linke

Politik. Die Legalität ist heute, als das begriffen, was sie ohne Entstellung, ohne »Aufbrechen« sein muß, mehr als eine Form. Oder besser: gerade weil sie die Form des Zusammenlebens ist, die Verhältnisse zwischen Individuen regelt, baut sie den Raum für die materielle Qualität des Lebens jedes einzelnen. Unseres *einzigen* Lebens.

Ethik der Endlichkeit

Entweder/Oder

Wenn das SEIN ist, hat das Sollen (dover-essere) keinen Raum: die Ethik wird buchstäblich U-topia. Das SEIN, wenn es wirklich ist (im *Unterschied* zu den Seienden und nicht nur als Stenogramm für deren Summe), ist ein eifersüchtiges SEIN: es verleibt sich alles ein, breitet sich über alles aus (und erklärt es damit). Wenn das SEIN ist, ist es SINN. Nichts hat Raum außerhalb seines Reichs. Wenn das SEIN ist, gilt: »Alles was ist, ist in Gott« und »Gott ist nicht nur die wirkende Ursache des Daseyns, sondern auch der Wesenheit der Dinge« (Spinoza).* Folglich, wenn das SEIN ist, gibt es keine Ethik. In der vollständigen Totalität des SEIN, der unbezwingbaren Totalität des SINNS, verschwindet jeder Hohlraum für eine autonome Moral, jedes Versteck für die Verantwortung der Wahl. Wenn das SEIN ist, hat das Sollen (das immer und auch Ablehnung sein kann) keine Statt. Nicht einmal ein Exil. Es ist nichts anderes als SEIN, verschwindet im SEIN, nichtet im SEIN. Wenn das SEIN ist, wird Sollen zum bloßen Bereich des SEIN, gerufen bei einem anderen, falschen Namen. Provinz und Lehnsgebiet des SEIN, beherrscht von einem Müssen, das anderes nicht sein kann als eben dies: (SINN des) SEIN.

Von neuem und ohne Umschreibung: wenn das SEIN ist, ist die Ethik nichts, denn ein Sollen, das nicht seit je dem

---

* Benedictus de Spinoza: *Opera. Lateinische und deutsche Werke.* 2. Bd. Tractatus de intellectus emendatione. Ethica. Abhandlung über die Berichtigung des Verstandes. Ethik. Hg. Konrad Blumenstock. Wissenschaftliche Buchgesellschaft, Darmstadt 1978. 15. Lehrsatz und 25. Lehrsatz.

Kosmos als genetische Erbschaft eingeschrieben wäre, als unausweichliches Ganzes seiner »moralischen Chromosomen«, ist nicht zu finden. Bestimmung also. Wenn das SEIN ist, erlischt die Ethik im Gehorsam. Wird anerkannte Notwendigkeit, Freiheit nur die Freiheit, sich ihr zu beugen. Es gibt keinen Ausweg: aus dem Kosmos des SEIN tönt nur ein furchtbarer, ununterbrochener, unüberhörbarer Choral des »Ja«. Selbst das Nein zum SEIN ist SEIN. Im undurchbrechbaren, magischen Kreis des SEIN wird selbst die Revolte verdaut, sie ist nichts als ein Ja, das sich noch nicht als solches erkannt hat. Wenn das SEIN ist, gibt es nur Gehorsam, ist dieser sein Sinn. Jede Wahl, jede Entscheidung müßte sich als Vollzug einer höheren Ordnung legitimieren, als Achtung vor der schuldlosen Ordnung des SEIN. Es wäre frei, sogar *souverän* frei, göttlich frei: frei von jeder Verantwortung. *Vollständig* unverantwortlich mithin. Wenn Existenz ist, so notwendigerweise als Verantwortung der eigenen Unterscheidung und Freiheit vom SEIN.

Darum: SEIN oder Existenz. Ohne die Übernahme von Verantwortung unterscheidet sich die Existenz in nichts von der biologischen Wiederholung, der Einzelne in nichts von der Art. Wenn das SEIN ist, ist das Indviduum folglich nicht. Vielleicht könnte das INDIVIDUUM sich im Kosmos des SEIN bewegen, diese Hypostase der Individuen, die alle derselben Logik unterworfen sind, von denselben Impulsen beherrscht, Repliken. Als Negation und Zerstörung der Existenz, die immer unwiederholbar ist, und darum – nur darum – die von Individuen.

Im übrigen stellt die Auslöschung der existierenden Individuen – realer und unwiederholbarer – in der Hypostase des INDIVIDUUMS nur eine immer wieder, und nicht zum letzten Mal, aufgeführte Sabbat-Episode in der Geschichte der Philosophie dar, die vorläufig letzte Manifestation jener unerschöpflichen Metamorphose der Hypostase an sich: der des SEIN selbst, unter seinen wechselnden Ersatz-Namen: Gott, Geist, Geschichte, Subjekt, Bestimmung. Denn, wenn das SEIN ist, haben Dinge – *alle* Dinge, einschließlich getroffener Wahlen, Entscheidungen, Handlungen, auch diese sozusagen nur Dinge – ihr Muß im Sinn der Notwendigkeit und der Bestimmung. So verschwindet der Unterschied von »*Sollen*« und »*Müssen*« [im Original deutsch], Beschreibung und Vorschrift werden eins. Im Kosmos des SEIN haben, seinem Wesen nach, nur Schamanen, Eingeweidedeuter und andere Rutengänger das Recht auf Erkenntnis (nicht die Propheten!). Man könnte ihnen allenfalls vorwerfen, ihre Techniken noch nicht ausreichend verfeinert zu haben. Jedenfalls bis das SEIN sich entschließt, den Philosophen zum Kartenschläger seiner Bestimmung zu machen. Es ist offensichtlich, daß für das SEIN und seinen Hüter das Denken in Werten (in der Kategorie: Sollen) die größte Beschimpfung des SEIN darstellt.

Richtig gesehen. Wenn die Ethik Platz braucht, muß sich der Kosmos vom SEIN in allen seinen Surrogaten befreien. Damit Verantwortung, Individuum, Existenz Wurzeln schlagen können, muß die Philosophie vom SEIN in allen seinen Verkleidungen und Metamorphosen den Abschied nehmen. Ohne zurückzublicken. (Es wird nicht genügen, es mit bescheidenerer Schrift zu schreiben, die Großbuchstaben durch kleine zu ersetzen oder das Sein zwischen Anführungszeichen zu sperren, wenn damit das »Ding« groß geschrieben bleibt, seinen unersättlichen Anspruch zum Wohle der Hermeneutik womöglich noch verstärkt.) Damit die Ethik Platz hat, ist es notwendig, daß der Gedanke des Seins (endlich und definitiv nicht im Großbuchstaben) das Licht der Vernunft wiederfände, nach dem zum wiederholten Mal absolvierten Streifzug durch die Maßlosigkeit des Sinns (des post-metaphysischen, diesmal): daß die Philosophie zur Philosophie der Endlichkeit wird, nüchtern und ernüchtert.

Ernüchterung

Nicht mehr das SEIN, sondern die Seienden – damit Ethik sei. Und darum, wenn der Diskurs das Wort der Einfachheit halber erfordert, das Sein als Stenogramm für die Summe der Seienden, nicht als Versuchung der Metaphysik. »Sein«, so nennt man seit je die Summe der Seienden, wenn schon konfus, in der Zwangsjacke einer Totalität, der ein inhärenter, bestimmender, wenn schon verschwiegener Sinn zugeschrieben wird. Damit die Ethik Raum hat, also keine Besetzung, keine Beschlagnahme der Seienden (ihres Sinnes) durch das SEIN, sondern eine ihm gegenüber undankbare Ernüchterung: die Wirklichkeit als anspruchsloses, sinn-loses Universum von Seienden und Existenzen.

In diesem Universum der um ihren Sinn gebrachten Seienden und Existenzen hängt deren Erkenntnis, und die ihrer meßbaren Beziehungen untereinander, von der Wissenschaft (Naturwissenschaft) ab, die keine Legitimierung braucht. Darüber kann die Philosophie nur schweigen. Die Wissenschaft ist der Raum der Erkenntnis des Seins, sobald dies Sein auf seine Essenz zurückgeführt ist, das bescheidene und omnipräsente Prädikat von Seienden, das von jedem Seienden behauptet, es sei ein besonderes »Sein«, ohne sie je alle in der Totalität eines Sinns zu vereinen, ohne die Hypostase des Stolzes (oder der Scham). Ist die Hypostase, die Überhebung etwas anderes als die unvergebbare Todsünde des Stolzes, der Anspruch des Prädikats, Subjekt zu werden, der Endlichkeit, sich zu Gott zu machen? Das Schweigen der Philosophie ist freilich mühsam, stets gefährdet durch die Versuchung der Hypostase. Durch diese – man kann es nicht oft genug wiederholen – kann jeder dem Ganzen der Seienden verdeckt einen Sinn unterstellen, das SEIN (groß geschrieben oder in Anführungszeichen) umtaufen und es als Erkenntnis oder Bestimmung wiederum unter die

Leute bringen, sich durch die philosophische Salbung der Hypostase zum Hüter des SEIN weihen (diesem philosophischen Delirium der Allmacht, sagt doch die Bibel: »Der Herr ist dein Hirte« und nicht das Umgekehrte).

Damit die Ethik Platz hat, muß die Philosophie hartnäckig und intransingent für die Trennung zwischen den Bereichen der Seienden und des Sinns Sorge tragen, des Seins und des Sollens, gegen die immer wieder erneuerte Belagerung eines metaphysischen und post-metaphysischen Animismus, der im Namen SEIN (wie immer dekliniert und verkleidet) vorgibt, beide zu vereinen. Nur wenn der Mensch von seiner maßlosen Forderung abläßt (durch SEIN), Seiende und Existenzen alles umgreifend mit Sinn zu erfüllen, erobert er festes Land für das Sollen. Zu einem schmerzlichen, für seinen Narzißmus vielleicht zu hohen Preis, handelt es sich doch darum, durch eine demütige Praxis der Ernüchterung auf ein tausendjähriges Delirium des SEIN zu verzichten, mit dem man sich vormachte und vormacht, man könne den Tod auf Abstand halten.

Nur durch diesen Verzicht findet das Sollen eine autonome Existenz, als fragile *Welt* der Menschen und nicht als Kosmos vereinter, von einem vorgegebenen Sinn erfüllter Dinge. Zu bedenken ist dabei allerdings: Im Reich des SEIN ist nichts nur Ding, vielmehr erscheint *jedes* Ding voller Sinn, belebt von Sinn, mit dem der Sinn des SEIN jedes Seiende begabt und verwandelt. Alles ist Sinn, also zielgerichtet, ist Sein Müssen, Existenz in einem alles durchdringenden Animismus, der Platz macht für die Hypostase des »ist«. In diesem Reich kann niemand die Existenz von den Seienden unterscheiden. Ihre Differenz wird ausgelöscht; unter dem Zeichen des SEIN und seiner Surrogate. Eine Differenz, der man, vorläufig, unsicher, den Namen Freiheit geben kann, weil sie, was man auch sagen möge, auf jeden Fall die Unausweichlichkeit des schon als Notwendigkeit oder Bestimmung

Vorgegebenen aufkündigt. Das Sollen findet seinen Raum als einen von Beziehungen zwischen Existenzen erfüllten, die nicht zurückführbar sind auf Beziehungen zwischen Dingen. Eine Welt der Wahl und der Verantwortung, eine Welt von *Normen*, die nicht schon seit ewig verhängt sind. Nur wenn der Bereich der Seienden (dessen, in dem sich Sein erschöpft) der Wissenschaft zuerkannt wird, werden die Beziehungen der Existenz dem Unvorhersehbaren, einem seit Ewigkeit verordneten Sollen entzogen, werden sie nicht verdinglicht. Allerdings nur unter Verzicht auf den unsinnigen Anspruch, daß der Sinn zu erkennen wäre, daß er ein Objekt der Wissenschaft sei – als einer Sache unter anderen – und nicht Beziehung (Erschaffung) der Existenz.

Norm

Die Existenz ist normativ, die »natürliche«, nicht umgehbare Bedingung des Menschen. Jede tierische Art überantwortet ihr Verhalten der Sicherheit des Instinkts. Dem entzieht sich der Mensch, mehr noch, er ist dazu *konstitutionell* unfähig. Obwohl Teil des Seins, Seiender zwischen anderem Seienden, reiht er sich nicht mehr ins Sein ein, er unterläuft es vielmehr. Ersetzt die Einhelligkeit des Instinkts, die dem nackten Affen Erfolg verhieß, durch die Norm. Wenn die Instinkte das Verhalten nicht mehr *regulieren*, sind Regeln nötig, um es zu *motivieren*. Das Sollen, die Norm, setzt die Grenzen zwischen bejahtem und verneintem Verhalten, die als anerkannte zu respektieren oder als verbotene zu meiden sind, denn kein Instinkt, kein »Sein« erläßt mehr Vorschriften von der fraglosen Sicherheit, die dem Instinkt des nackten Affen eignet.

Absolut einleuchtend, und um so hartnäckiger zu bekräftigen, je mehr ein DENKEN (das sich als Denken des SEIN versteht, ungeachtet der Seienden, der Empirie, des

Sollens wie der Werte und der Daten der Anthropologie) sich bemüht, das wegzudiskutieren.

In jeder Tierart korrespondieren Bedürfnis und Befriedigung, hausen zusammen, begrenzt, wiederkehrend, ohne Probleme. Das Tier reproduziert den immer gleichen unveränderlichen Lebenszyklus seiner biologischen »Existenz«. Jedes »Individuum« der Art wiederholt ein gleiches. Es kann davonkommen oder untergehen, die Strategien des Verhaltens (eingeschlossen die des Lernens) sind gegeben und vorgeprägt. Die Chromosomen haben die Unterscheidung zwischen bejahtem und verneintem Verhalten entschieden. Der Zyklus wiederholte sich in jeder Generation, in einer »ewigen« Wiederkehr (bis er durch eine genetische Mutation unterbrochen wird oder das Wirken der Darwinschen Selektion eine neue Art hervorbringt).

Anders beim Menschen. Seine Bedürfnisse wie ihre Befriedigung sind von *Natur* aus überschießend. Das Übermaß in beiden ist konstitutiv asymmetrisch. Die Erfindung neuer Bedürfnisse korrespondiert nicht automatisch mit einer analogen Kapazität ihrer Befriedigung, während das Auftauchen neuer Techniken der Befriedigung bis dahin nicht existierende Bedürfnisse *schaffen* kann. Ohne Normen, die das unterscheiden, was die Natur nicht mehr zwingend trennt, wäre die vielförmige Plastizität der Verhaltensweisen, die den nackten Affen zum Homo sapiens mutierte, seine Ausbreitung über die Erde gewährleistete, in einem paralysierenden, zerstörerischen Chaos untergegangen. Ohne das Sollen, das das Individuum anhält, sich im nahezu unendlichen Labyrinth möglicher Verhaltensweisen zurechtzufinden (was seine Chromosomen-Struktur erlaubt), gäbe es das Menschengeschlecht nicht. Es wäre schon wieder verschwunden. Ob es nackte Affen gegeben hat, die unfähig zum Sollen, den Überschuß an Freiheit, den ihre Chromosomen zuließen, zur Schwächung ihres Instinkts verwendeten, werden wir nie wissen. Denn diese konnten infolge ihrer *Konstitution* nicht überleben.

Ein vormoralischer Entwurf, eine Unschuld, die dem Sollen vorausging, eine Ur-Ethik, die ein völlig anderes Seiendes hervorgebracht hätte, kann es deshalb nicht geben. Wäre das eigene Verhalten aufgrund eindeutiger Instinkte wählbar, hätte das Verschwinden des nackten Affen im Abenteuer des Homo sapiens nicht stattgefunden, dessen, der sich über die Welt ausgebreitet, sie sich dank seiner überschießenden »Instinkte« unterworfen hat. Ein Tiermensch wäre bloß ein schwächeres Tier gewesen, seine Rudel bestimmt auszusterben, kaum daß sie sich gebildet hätten, oder allenfalls in einem begrenzten Bereich überlebensfähig. Seine biologische Nische wäre nie zur »Welt« geworden (bis hin zur planetarischen). Um zu überleben, mußte der Mensch, statt im von Instinkten geleiteten Rudel zu bleiben, sich in Gruppen um ein nicht bereits vorgegebenes Sollen organisieren. Aus dem Rudel mußte Gemeinschaft wachsen, Gesellschaft. Nur das nicht vorgegebene Sollen, die soziale Bindung, bildet die Wasserscheide zwischen bejahtem und verneintem Verhalten. Dasselbe Sollen bildet die Beziehungen des Zusammen-Lebens zwischen Menschen und ihre Beziehung zu den Dingen aus – zwei Seiten derselben Medaille: das Verhalten der Existenz.

Ontologie

Das Sollen ist das unausweichlich Erste der Existenz. Die Moral ist die Ontologie (und nie umgekehrt), seit der nackte Affe sich als Homo sapiens entdeckte, sein Abenteuer der Eroberung (und Erfindung) der Welt begann. Welche Moral, welches Sollen, das bleibt jedoch offen. Irgendein Sollen, wenn es nur funktionierte, wenn es nur den Erfolg der Gruppe im Daseinskampf mit anderen erlaubte. Irgendein Sollen heißt nicht: alle möglichen. Von denen, vermutlich unzählbaren, die nicht einmal lange genug funktionierten, um Spuren zu hinterlassen, werden wir nie etwas wissen. Sie sind im Wortsinn utopisch geblieben. Daß die Skala der Möglichkeiten des Sollens nicht willkürlich, grenzenlos ist, daß Überbleibsel von Instinkt, nicht mehr zwingend, aber wirksam, Grenzen setzen (übrigens niemals definitive), dies bedeutet keineswegs die Rehabilitation einer einzigen, »natürlichen«, unveränderbaren Moral. Das Spektrum möglicher Formen des Sollens, die die Instinkte effizient abgelöst haben und von denen Archäologie und Paläontologie Spuren in der Geschichte gefunden haben, ist so groß, daß man es (metaphorisch) unendlich nennen könnte. Und unendlich widersprüchlich. Alles war einmal erlaubt, alles war einmal verboten. Daß das Sollen nicht von Natur aus existiert, als eine Art von moralischem Chromosom, ist offensichtlich angesichts der verschiedenen, einander widersprechenden Normen, mit denen das Sollen die Welt kolonisiert hat. Einander ausschließende Normen: »Der Diebstahl, die Blutschande, der Mord an den Kindern und an den Eltern – alles das hat seinen Platz unter den tugendhaften Handlungen gehabt.« (Pascal)*

Es muß ein Sollen geben, damit ist nicht gesagt welches. Das ist die doppelte »natürliche« Kondition des Menschen, seine untilgbare Kondition *gegen die Natur.* Seine »Essenz«. Seit je und immer wieder verneint, verdunkelt von der Chimäre des SEIN, die das Sollen ins Nichts des SEIN bannt und ihm die Norm und das Schicksal zuschreibt, das wir selbst ihm bereiten.

---

* Blaise Pascal: *Gedanken.* Nach der endgültigen Ausgabe übertragen von Wolfgang Rüttenauer. Mit einer Einführung von Romano Guardini. Dieterich'sche Verlagsbuchhandlung, Wiesbaden 1947. 4. Kapitel, 3. Abteilung, Aphorismus 157.

Wir wollen in der Tat nicht zugeben, daß wir, direkte und legitime Nachkommen der nackten Affen, Väter und Herren eines schillernden Sollen sind, wollen die Verantwortung, zu sein wie Gott, nicht übernehmen: die *Schöpfer* dieser unserer Welt der Normen. Diese Verantwortung schreckt uns.

Versuchung

Von all dem gibt es in der Bibel durchsichtige Indizien. Das unverzeihliche Vergehen, das die menschliche Art an der Wurzel verdirbt, die untilgbare Erbsünde (es brauchte das Opfer Gottes selbst, um sie zu tilgen) besteht darin, der Versuchung nachzugeben, das Gute und Böse zu erkennen. Auf den ersten Blick ein Paradox, ja eine Absurdität. Warum sollte dieses Verlangen eine Versuchung sein und nicht erstes Muß einer Frömmigkeit, gewillt, das Gute zu tun und das Böse zu meiden? Sind nicht die auf dem Sinai empfangenen Gesetzestafeln die enthüllte Erkenntnis dieses Unterschieds? Weil im Garten Eden der Unterschied zwischen Gut und Böse nicht existierte – das ist die einzige Antwort. Es war der Mensch, der ihn mit seinem ersten Ungehorsam hervorbrachte. Hören wir die Schlange: »Gott weiß, daß welchs Tags ihr davon esset, so werden eure Augen aufgetan, und ihr werdet sein wie Gott und wissen, was gut und böse ist.« (Genesis 3,5) Die Schlange sagt die Wahrheit. Gott selbst bestätigte sie, als die Sünde begangen war: »Siehe, Adam ist worden als unser einer und weiß, was gut und böse ist.« (Genesis 3,22) Das Gute und Böse zu erkennen heißt also: sein wie Gott. Außerhalb des Mythos: Die »Erkenntnis des Guten und des Bösen« ist in Wirklichkeit nichts anderes als die Erschaffung des Guten und Bösen, das es als Dualität im »natürlichen«, von Sternen und Instinkten gelenkten Sein nicht gab. Adam und Eva kennen das Gute und Böse noch nicht, sie *schaffen* es erst, sie sind die Urheber der Norm, jenes Sollens, das bejahtes und verneintes Verhalten erfordert, die der Instinkt – die Natur, das Sein – nicht mehr zu regulieren in der Lage sind. Die vor-menschliche Kondition wird sehnsüchtig als Eden erinnert, weil sie noch nicht mit dem Gewicht beschwert war, eine Norm setzen zu müssen.

Die Mühe, einer Norm gehorsam zu sein, ist nichts gemessen an der, sie zu *schaffen*. Der Mensch ist derart erschreckt von der Verantwortung für die Norm, daß er sie zur untilgbaren Schuld erklärt, und sich davon erzählt als vom Ungehorsam Gott gegenüber: Hybris der Gottlosigkeit, Subversion – das ist der Gestus des Anfangs, der Ankunft des Menschen in der Welt: sich eine Norm zu geben, die die unbrauchbar gewordene Unschuld der Instinktordnung ersetzt. Der Mensch betrachtet den einzigen Gestus, den er begehen mußte, als unentschuldbar, durch ihn und in ihm kam er zur Welt und bleibt darin. Um das ihn erschreckende Bewußtsein davon zu verdunkeln, um es im Abgrund eines als Geheimnis begriffenen Unbewußten zu versenken, muß er sich eine Erkenntnis als unvergebbare Sünde vorstellen, die, wenn sie es denn ist (nicht eine Erschaffung), vernünftigerweise als elementare Frömmigkeit gelten sollte.

Warum? Weil das Schweigen des Sinns im Universum, die Einsamkeit darin nicht auszuhalten sind. Dies ist die andere Seite unseres Seins als Erschaffer der Norm. Es erschreckt uns, daß nur das Sollen einem sonst sinnlosen Universum einen Sinn verleiht, wir allein dafür einstehen. Das stürzt den Menschen in einen Abgrund der Verzweiflung: den der absoluten, weil ursprünglichen Einsamkeit. Die Existenz ist darum wirklich *geworfen*, aber vor allem *in die Verantwortung geworfen*. Verantwortlich nicht dem Sein gegenüber, sondern dem Sollen, das wählen muß und in seiner Geworfenheit die einzige Form der Bedingung seiner Existenz ist. Überblendung: Die Philosophie scheint

Heidegger die dramatische und definitive Annahme der Endlichkeit als des unausweichlichen Horizonts zu verdanken. Aber der Schein trügt. Sie verdankt Heidegger tatsächlich das Verständnis des Menschen als eines »geworfenen«, sinnlosen in einem sinnlosen Universum. Heideggers Philosophie nach »Sein und Zeit« freilich tönt von Befreiung und Erlösung von der ersten – schon widersprüchlichen – Annahme des Endlichen.

Der Andere

Nehmen wir den Faden wieder auf. Der Mensch ist in der Natur tragisch allein, gerade weil er, will er überleben, der Natur nicht folgen kann. Er bannt (durch die Verdammung, die er Gott zuschreibt) den unsagbaren Schrecken, sich selbst als Vater und Herrn des Sollens vorzufinden, gezwungen, die Natur umwälzen zu müssen. Die Sünde, für die er sich verdammt, ist die Sünde des Ungehorsams, weil die Existenz in Wirklichkeit von einer verzehrenden, die Einsamkeit vertreibenden Sehnsucht nach Gehorsam durchtränkt ist. Nicht Stolz: Des Menschen Teil ist Sehnsucht nach der Rundheit der Instinkte, die das Verhalten regeln, weder Bedürfnisse noch Befriedigung ausschließen, weder das Sein noch den Sinn.

Die ganze Geschichte des Sakralen, einschließlich der Geschichte des SEIN, das seine antimythische, rationale Nachfolge antritt (während der gesamten Menschheitsgeschichte, bevor sie sich – wie unumkehrbar? – zur Nüchternheit entschloß, zum Bruch: Wissenschaft und Häresie), kann als Geschichte der Strategien begriffen werden, einem Anderen jenes Sollen zuzuweisen, das unvermeidlich das eigene ist. Jenes Sollen, das Verhalten begründet, jener Zusammenhalt der Gruppe, der es dem Menschen erlaubt, sich in der Natur – und gegen sie – zu organisieren. Wir schreiben dem Anderen – damit wir ihn auf Abstand halten, in den unzugänglichen Tiefen des Weggeräumten – unsere absolute, erste, unumgängliche Verantwortung für das Sollen zu. Verantwortung ohne Ausweg und Rettung. Verantwortung – ohne den Anderen, das Andere.

Daß der Mensch das »Maß aller Dinge« sei, wird immer als größte, unannehmbar blasphemische Wahrheit verstanden werden. Warum jedoch? Vielleicht weil der Mensch, der die »Welt« nur *gegen die Natur* schaffen konnte (und mußte), das Sein umstürzend, von dem er doch ein Teil ist (ein winziger, denkender und doch ephimerer Teil, Rohr im Wind), sich diesem Bewußtsein verweigerte, weil und solange er sich der Natur unterlegen fühlte. Sein Sollen, unumgehbar, wie wir gesehen haben, bleibt dem Sein gegenüber eine zu schwache Kraft, hat deshalb das Bedürfnis, dies zu verbergen und sich selbst als SEIN auszugeben. Es brauchte die Maßlosigkeit der Moderne, die Entfesselung der Illusion, daß das Sollen die Kraft unaufhaltsamen Wachstums habe, zum Sein der Existenz (der Natur gegenüber) führe, damit der Mensch beschloß, sich als nichts anderes begreifen zu können, denn als Schöpfer einer Norm, die Welt schuf. (Haben Wissenschaft und Häresie dies nicht immer behauptet?)

Vor der Moderne wurde der Rückzug vom Schrecken vor einer absoluten Verantwortung regiert, der keine absolute Macht entsprach. Der Ausschluß von ihr bleibt gleichwohl bestehen. Der Wille zur Macht überbrückt die Kluft zwischen Verantwortung und Macht nicht, es sei denn in delirierenden Allmachtsphantasien. Je maßloser die Macht der Art über die Natur wächst, desto größer wird die Ohnmacht des Einzelnen in der Gemeinschaft. In der Moderne kann sich der Mensch zwar als Vater und Herr der Norm in dem spiegeln, was er hinter sich gelassen hat, aber nur mit neuer, ununterdrückbarer Angst. Als ein Überlebender der »Schuld«. Diese Angst hat die großen ideologischen Erzählungen hervorgebracht – diese Surrogate des SEINS –, dann, mit deren Krise, den selbstmörderischen Sirenengesang der Zugehörigkeiten: Glauben, Blut, Erde.

Nihilismus?

Der Mensch als Vater und Herr der Norm. Ist also jede Moral der anderen gleich? Die Anklage des moralischen Nihilismus ist für viele überzeugend genug, um das Verhängnis zu fliehen, das SEIN zu rehabilitieren – gegen die radikale Autonomie des Sollens. Doch das kritisch Erworbene verlangt, festgehalten zu werden. Unter der Voraussetzung, jede Norm konstituiere objektive Wahrheit, beweisbar wie der Lehrsatz des Euklid, das Newtonsche Gesetz oder als der menschlichen Natur eingeschriebenes Erbgut, gleicht jede Moral der anderen. Im Negativen. In dem Sinn nämlich, daß keine das sichere Fundament hat, das sie ersehnt und zu haben vorgibt, als Anathema für die Moral der Konkurrenten. So erwünscht sie auch sein möge, eine einzige, wahre, erkennbare Moral bleibt Illusion. Die Norm existiert nicht in der Natur. Sie ist gemacht. Nur der Erkenntnistheorie überlassen, ist die moralische Wahl nicht praktikabel. Vor der Wahrheit bleibt die Norm unentscheidbar.

Also ist alles erlaubt? Keineswegs. Nur wenn die Wahrheit, im Sinn wissenschaftlicher Erkenntnis, als höchster Wert vorausgesetzt wird, macht die Unentscheidbarkeit der Normen alle gleich, fallen wir in ethischen Nihilismus. Andererseits bedeutet der gleiche Unwert, gemessen an dem Anspruch, eine objektive und kenntliche Wahrheit zu sein, keine Indifferenz gegenüber den Werten *tout court*. Die bestünde nur, wenn man sich vorsetzte, das Kriterium einer wissenschaftlich-objektiven Wahrheit in alles durchdringender Form außerhalb ihrer legitimen Sphäre meßbarer Beziehungen zwischen Dingen für gültig zu erklären. Sie also auf die Beziehungen der Existenz zu übertragen. Nur der riskiert die Gefahr des Nihilismus, der die Autonomie des Sollens zunichte machen will im allesfressenden Primat eines erkennbaren SEIN. Statt dessen gilt: Der Wert der Normen bleibt unterschiedlich, wir müssen darüber entscheiden auf der Basis von Kriterien, die unvermeidlich die unseren sind und nicht die einer beruhigenden, weil die Verantwortung scheuenden wissenschaftlich-objektiven Erkennbarkeit.

Nur die kognitivistische Illusion kann annehmen, es wäre möglich, einen Nazi (um bei einem bequemen, kanonischen Beispiel zu bleiben) für ein ziviles Zusammenleben zu gewinnen, wenn man nur seine Ansichten zurechtrückte, ihn davon überzeugte, daß er einen logischen Irrtum oder eine gedankliche Verdrehung begeht. Es wird genau das Gegenteil geschehen. Überzeugungsarbeit durch rationale Argumente funktioniert nur auf der Basis einiger gemeinsamer Werte (einer davon: vermittelndes Argumentieren sei Gewalt und Manipulation überlegen), die als solche *gewählt* sind, deshalb existieren (selbst wenn sie überliefert wurden, also bereits früher, womöglich unbewußt gewählt wurden und heute, vielleicht ebenso unbewußt, weitergelten). Naturgegeben sind diese Werte jedenfalls nicht.

Ein leichtes Spiel: Der ›Nazi‹ als Beleg dafür, daß die Ablehnung einer objektiven moralischen Wahrheit zum Nihilismus führe. Es ist praktisch, will man alle anderen Formen von Massenmord, Unterdrückung, Vernichtung von Leben und Menschenwürde durch die Jahrhunderte vergessen, dienlich, die Untaten wegzudrücken, die geschehen sind und immer noch geschehen, wenn nicht angesichts genereller Gleichgültigkeit, so doch mit einer je eigenen, »objektiven« Begründung ihrer Wahrheit. Es ist ein Angriff auf die Wahrheit, sich nicht einzugestehen, daß in anderen Epochen Feinde (ihre Kinder und Kindeskinder) zu Sklaven gemacht wurden, daß man sie in den Arenen vor den Augen Begeisterter umbringen ließ, sie kreuzigen durfte, wenn sie sich wehrten, daß man menschlichen Fackeln die »Glaubensartikel« vorlas, weil sie denselben Gott mit anderen Adjektiven verehrten, daß man Gegner, Jungfrauen, selbst Könige in blutigen Opferritualen häutete und zerriß, daß man alte Weiber und Mädchen folterte, damit sie zugäben, mit dem Teufel fleischlichen Umgang gehabt zu haben, daß Königsmörder von Pferden gevierteilt wurden, die man in entgegengesetzte Richtungen peitschte, daß man Neger ohne Prozeß und Ehebrecherinnen (nach einem ordentlichen Prozeß) aufhängte oder diese umstandslos in einen Ledersack steckte, zusammen mit hungrigen Katzen. Lauter Sadismen, die der »Hunger nach Gerechtigkeit« im Namen der Wahrheit in allen Jahrhunderten und Breiten verschuldete – begriffen nicht als etwas Böses, vielmehr, von wenigen Fällen abgesehen, als höchste, verdienstvolle Pietas, oder mindestens als pflichtschuldige Sühne.

Willkür

Beruhigung gilt nicht, es ist nur zu leicht, als »unmenschlich« das zu stempeln, was wir bekämpfen wollen. Besser, man ist sich der *tragischen* Tatsache bewußt: Wenn wir ein Verhalten als inhuman bezeichnen, beschreiben wir nicht ein von Wissenschaft und Erkenntnis gesichertes Faktum. Wir lassen uns vielmehr auf einen Streit darum ein, was wir als menschlich betrachtet wissen wollen und was nicht. Was, in dieser Tierart gegen die Natur, der wir angehören, als menschliche, nicht von der Natur vorgegebene, immer wieder aufs Spiel gesetzte *Bedingung* gelten soll. Menschlich oder unmenschlich, darum geht ein Streit um Leben und Tod, mit dem wir den Schrecken für die Menschen vertreiben wollen, der sich dennoch wiederholen kann, auch in unseren Tagen. Der Ausgang dieses Streits ist keine akademische Frage der Erkenntnis. Er wird nicht in der anonymen Unverantwortlichkeit des »Wissens« entschieden, sondern durch unsere Anstrengung, unser Risiko, unsere existentielle Wette, der von Sterblichen, für die es keine Erfolgsgarantie gibt.

Von der Existenz her betrachtet, gleichen sich gegensätzliche, erkenntnistheoretisch ununterscheidbare Normen durchaus nicht, obschon keine objektive Erkenntnis uns je ein für allemal lehren könnte, was gut und was böse sei.

Dieser Schlußfolgerung gegenüber verfängt der Einwand nicht, daß der Mensch, wenn er Vater und Herr der Norm sei, sie nach seinem Gefallen nicht nur schaffen, sondern jederzeit auch *zurücknehmen* könnte. Über eine Norm zu entscheiden heißt in Wahrheit, sie zu *schaffen*, als eine Macht, die von da ab ihr eigenes Leben hat, von derselben zwingenden Strenge wie die Instinkte, etwas, das an ihre Stelle tritt, anders können Gemeinschaft und menschliche Art nicht überleben. Nur der Mensch entscheidet, was das Böse ist, und *erschafft* es damit, in jedem Sinn. Denn das Böse *existiert*. Wir können es nicht erscheinen und verschwinden lassen wie in einem Gaukelspiel, es nach Laune hervorrufen und zerstören. Das Böse, das *ist*, bildet eine Struktur des Wirklichen, den Schußfaden der Existenz, den zu beobachten wir von unseren ersten Schritten an lernen. Was das Böse sei, kann allerdings revoziert werden. Es ändert sich wirklich mit der Geographie und in der Geschichte, aber infolge dramatischer Prozesse, nicht durch frivole Unbeständigkeit. Die Freiheit ist begrenzt, sobald sie die Freiheit eines Wer ist. Die Freiheit, die entscheidet, hat nichts zu schaffen mit der flüchtigen Kaprice einer Wunschmaschine. Sonst nämlich löste sich dies *Wer* der Existenz auf, diese verschwände als *unsere*, unwiederholbare. Übrig bliebe nur ein Kaleidoskop unverbundener Akte, ein Haufen chaotischer

Wünsche, die keinem *Wer* mehr zuzuordnen wären. Die evolutionären oder konversierenden Prozesse – ob langsam oder traumatisch –, in denen sich die Bestimmung dessen, was böse sei, verändert, versehren und zeichnen Epochen und Bewußtsein, transformieren die individuellen und sozialen Identitäten umstürzend, zu Spielmaterial werden sie darum nicht. Mit einer (undenkbaren) »Ethik« des Wechsels hat das nichts zu tun.

Davon abgesehen, Normen sind unter rationalen, argumentativen Gesichtspunkten nicht generell unentscheidbar. Jede Wahl, die wir treffen, können wir mit *Gründen* belegen. In diesen Gründen hat sich mindestens ein Element eingenistet, das logisch, auf Fakten basierend, Maßstäbe setzt. Das zu seiner Rechtfertigung auf andere rationale Argumente verweist, schließlich auf ein nicht weiter zurückführbares Bruchstück des Sollens verweist, zu einer ersten *reinen Wahl*, über die nicht zu streiten ist. Diese erste Wahl, und nur diese, bleibt buchstäblich unentscheidbar, jedenfalls unter kognitiven, logisch-argumentativen, rationalen Gesichtspunkten. Der Rest, wenngleich entfernt von der Strenge des *more geometrico*, von dem alle träumen, kann rational begründet werden. Nur jene erste Wahl entzieht sich dem, ihrer Konstitution wegen. Doch die betrifft allein das ursprüngliche Dilemma, den ersten Wert, auf dem, in einer existentiellen Option, das Gebäude des Sollens errichtet wurde. Vier Optionen können das Dilemma, so scheint es, auflösen: der Primat des Ich, des Du, des Wir und des SEIN.

Ich

Der Primat des Ich stellt gewiß keine Entscheidung für das Individuum dar. Das ist unwiederholbar. Eine Welt der Individuen ist eine plurale Welt. Von unwiederholbarer Pluralität. Für das Individuum zu optieren meint, daß Jeder Ich sein, Ich sagen kann, Protagonist eines Lebens, das ihm als seines nicht entwendet werden darf. Individuum meint nicht Einer, sondern Jeder. Das schließt die obsessive Sorge darum ein, allen die gleiche Würde, den gleichen Wert zukommen zu lassen. Der Primat des Ich hingegen begründet nur das (unrealisierbare) Projekt einer *Egokratie*, die jedes Individuum nur zur Bestätigung eines *einzigen* Individuums mißbraucht. Die Egokratie verwirklicht Individualität nicht, sie verschwendet sie, vernichtet alle Individuen, macht sie zu »verfügbarem Material«, verwüstet also das, was Individualität in die Welt bringt: die Unwiederholbarkeit des Jeder. So entsteht kein Sollen nach individuellem Maß, das ein Zusammenleben der Individuen ermöglicht, die einzig denkbare Form also, will man (wenigstens annäherungsweise) die Entscheidung für die Individuen und damit für das einzelne Individuum verwirklichen. Die Egokratie will einen Menschen zum Gott machen, alle anderen zu Replikanten versklaven. Ein unmögliches Vorhaben, das sich in der Realisierung annulliert. Wie in den Kindermärchen, wo der Traum, die ganze Welt für sich zu haben, ohne andere Kinder, sich verwandelt in den Alptraum einer erschreckenden Einsamkeit (sogar Gott brauchte die Menschen, um sich nicht einsam zu fühlen). Der Primat des Ich, die Egokratie: ein Universum des Kannibalismus. Seine Logik ist der permanente Bürgerkrieg, so lange, bis nur noch ein Souverän absolut regiert – ohne Untertanen. Ein Sieger ohne Besiegte. Gleichwohl: die Realität des Totalitarismus in unserem Jahrhundert illustriert den Enthusiasmus, mit dem Millionen verschreckter Individuen (zurückscheuend vor der Verantwortung, Individuen sein zu müssen) diesen verhängnisvollen Versuch begrüßt haben.

Die Logik des Erfolgs ist nicht die Logik des Individuums, die unwiederholbaren Existenzen Freiheit läßt. Nehmen wir den Erfolg in der Konkurrenz des Marktes, den Ideologie zum Raum des sich entfaltenden Individuums erklärt. Jeder, der dort gewinnen will, muß die Gesetze des Marktes so gut wie möglich ausnutzen, sich an sie anpassen, er kann sie nicht selbst schaffen, muß derselben zwingenden *techné* gehorchen wie seine Konkurrenten, möglichst besser als diese. Der Erfolg stellt sich bei extremer Heteronomie ein, der erfinderischen Fähigkeit, sich jeder Welle anzupassen. Gleiches gilt für die »freien Berufe«, die alles andere als »frei« sind. Der große Chirurg ist nicht der, der sich im Operationssaal vom heteronomen Diktat der Anatomie und den bindenden Gebrauchsanweisungen des Laserbestecks »befreit«. Niemand würde sich von einem Chirurgen operieren lassen, der »kreativ« sein will, also frei, diese Gegebenheiten beiseite zu lassen. Innovation und Fähigkeit ergeben sich auch in diesem Fall daraus, die Anderen im Gehorsam der Sache gegenüber zu übertreffen.

SEIN

Wie der Primat des Ich zerstört sich auch der des SEIN selbst, soll es als Fundament des gewählten Sollens gelten. Um als Fundament zu funktionieren, muß es seine Natur, Wahl zu sein, verbergen und sich als *Gegebenes* ausgeben, das, seit je der Natur eingeschrieben, nur entdeckt werden muß. Der Primat des SEIN kann per Definition nicht als rational unentscheidbares Fundament unseres Sollens *gewählt* werden. Oder, wenn gewählt und bewußt gewählt, verliert es seinen Charakter als SEIN und verfällt der Kontingenz einer Entscheidung, die sich unvermeidlich als Hypostase enthüllt. Das SEIN läßt sich nur »wählen« als ein »großes Ja« zu *allem*, was geschieht. Nietzsches Wahl, wie sie sich Spinoza vorgestellt hatte. Aber der Rausch des »großen Ja« ist die Verneinung des SEIN, in dem keine Handlung, kein Diskurs mehr stattfindet, nur biologisches »leben« ohne weitere Fragen. Wille zur Macht, aber auch Wollust der Ohnmacht, je nachdem, was ein unerkennbares Geschick zuteilt. Auch darin verschwindet das Individuum. Das Problem des Sollens verflüchtigt sich im unschuldigen (weil fraglosen) Fließen des Kosmos.

Wir

Ausdrücklich gegen das Individuum richtet sich die Wahl des Wir. Sie besagt nichts anderes als den Vorrang der Gruppe vor dem Individuum, das Vereinte rangiert vor der Differenz, die unwiederholbar macht, bis zu dem Punkt, an dem kollektive Identität die des Einzelnen annulliert, die Persönlichkeit sich nur noch durch ihre Zugehörigkeit definiert, ihre Freiheit durch Beobachtung der Gruppenbräuche: Kon-formismus. Der Primat des Wir bedeutet ferner, daß jede Gruppe Würde, Talent, die Essenz des Humanen mit sich identifiziert, im Gegensatz zu anderen, die damit zu Feinden werden, inferior, mangelhaft, schließlich die Negation des Menschlichen. Im Primat des Wir verschwindet das Individuum in doppelter Weise, in der Form innerer oder äußerer Unterwerfung beziehungsweise Vernichtung. Jeder in einer Gruppe, der nicht völlig konform ist, verfällt der Säuberung, für divergierende Meinungen bleibt kein Raum, es gibt nur die Wahrheit von Autorität und Tradition. Der Primat des Wir kann Toleranz nicht dulden, Dissens und Häresie gelten als Verrat an der Gruppe, Frevel und Untermenschentum. Dasselbe

Verdikt gilt analog gegenüber anderen Gruppen. Der Primat des Wir ist Egokratie im Plural, seine Logik gebietet permanente Unterdrückung nach innen, permanenten Krieg nach außen, beides kann nur in dem Reich enden, das alle zur absoluten Identität von Replikanten assimiliert. Ein gräßlicher Djihad.

Du

Nur durch den Primat des Du läßt sich eine Welt der Individuen begründen. Die Unwiederholbarkeit ist immer die eines anderen, eines *Du*. Das wir als *erstes* erkennen und indem wir uns anerkennen. Jeder ist Individuum in seiner Unwiederholbarkeit und als Identität von einem Anderen anerkannt, garantiert im Du-Sein dieses Anderen, sonst wäre sie ungenutzt, ungelebt. Die Gegenseitigkeit des Du begrenzt das selbstzerstörerische Delirium des Ich. Meine Identität als Differenz anzuerkennen heißt, mich im Du zu erleben, die anderen in mir, bedeutet den Verzicht, den anderen als bloßes Material meiner eigenen Bestätigung zu betrachten. Aus dem Verzicht auf den Primat des Ich, die Anerkennung des Primats des Du ergibt sich das Individuum in einer Gesellschaft von Individuen. Der Raum des Individuums ist der symmetrische Raum, wo jeder dem anderen gleich ist in seiner Möglichkeit, gesehen, gehört, anerkannt zu werden. Der Primat des Du ist keine Konzession der Reue für unsere egoistischen Impulse, sondern die unumgängliche Wahl, um ein anders nicht auffindbares Individuum zu begründen (sich ihm zu nähern), das im Wirbel des Wir unterginge, sich im Delirium des Ich selbst zerstörte oder sich im Rausch des SEIN verlöre.

Schuld

Ob wir uns dessen bewußt sind oder nicht, so sind es doch wir, die über den Primat des Du oder des Wir, des Individuums oder der Gruppe entscheiden müssen. Entscheiden, was das *Böse* sei. Weil vor dieser Entscheidung das Böse in der Natur nicht existierte, weil der Mensch es schuf, ist dieser Akt vielleicht die Urschuld (Erbsünde), die die Existenz von Anbeginn begleitet? Wenn wir dies »Schuld« nennen wollen, wird der Mensch in der Tat »schuldig« geboren, weil dann der Ursprung des Menschen selbst »Schuld« ist. Aber warum sollte ich schuldig nennen, was unausweichlich zur Conditio humana gehört? Jeder Organismus muß zum Überleben Strategien bejahten und verneinten Verhaltens einhalten. Die Norm ist, so betrachtet, nur der funktionale Ersatz für die Instinkte. »Unschuldig« wie diese. An allem kann der nackte Affe schuld sein, nur nicht daran, das Gesetz eingeführt zu haben. Er hatte seinen ununterdrückbaren, unschuldigen Instinkt. Das Gesetz bringt nicht »das Böse« hervor, sondern sagt, *was* böse sei und eröffnet damit die Möglichkeit, es zu bekämpfen. Diesen Tatbestand als »das Böse« zu hypostasieren, von dem alles *Böse* nur die empirische Inkarnation wäre, überantwortet unsere Verantwortung für die Norm an den Schrecken.

Den löst nicht die Koinzidenz von Schuld und Gesetz aus, vielmehr unser Bedürfnis, beide koinzidieren zu lassen, um uns so aus der Verantwortung zu stehlen (indem wir uns selbst anklagen!), statt sie in voller Klarheit anzunehmen. Wenn überhaupt, dann besteht Schuld darin, die uns erschreckende, unvermeidliche Macht und Veranwortung gegenüber dem Sollen zu verbergen. Wenn überhaupt, ist Schuld die Versuchung des Sakralen (der Metaphysik und aller anderen Surrogate), das Sollen im Wirbel des SEIN (und all seiner Metamorphosen) verschwinden zu lassen.

Dem Einspruch, daß es jedenfalls *das* Böse sei, etwas Böses zu wählen, wie unvermeidlich auch immer, und daß, mehr noch, das unvermeidliche Böse die Urschuld (Erbsünde) sei, wäre zu antworten, daß Wählen auch und immer etwas *Gutes* sei. Ein unvermeidlich Gutes, und die Existenz als Ur-Verdienst? Nüchterner, wirklichkeitsnäher gesagt: Wählen *ist*.

Auf die SCHULD zu weisen, ist eine Weise, alle Schuld zu vertreiben. Wenn jedes Handeln sich im Zeichen der SCHULD vollzöge, wenn die Existenz als solche schuldig wäre, bedeutete dies, sich auch für nicht Begangenes schuldig zu halten und sich so vom wirklich Begangenen (in Werken und Unterlassungen) freizusprechen. SCHULD in Großbuchstaben macht alle Verbrechen und Grausamkeiten, die der Mensch in Jahrhunderten begangen hat und die er durchaus weiterzubegehen beabsichtigt, zu läßlichen Sünden. Wenn die SCHULD Schicksal ist, sie mit der Existenz selbst zusammenfällt, dann können wir das SEIN anklagen, also alles und alle (sogar Gott), und alles und alle *bestrafen*, unverantwortlich und ohne Unterschiede zu machen. In dem Fall wäre noch das grausamste Verbrechen in WAHRHEIT nichts anderes, als der weltliche Arm einer höheren Gerechtigkeit.

Wenn die Existenz seit je schuldig ist, ist jede Entscheidung seit je unverantwortlich. Man dürfte nicht entscheiden, was böse ist, man dürfte gar nichts entscheiden. Es bliebe nur eine leere, die Verantwortung leugnende »Entschiedenheit«. Man könnte sich alles leisten, auch den Anspruch, daß nichts zähle. Doch die erste, unvermeidliche Entscheidung, die für das Sollen, ist die Entscheidung *für etwas*. Sie teilt Verhalten in verbotenes und erlaubtes (verdienstvolles) und nimmt die Konsequenzen des Bösen und Guten auf sich. Leere Entschiedenheit entscheidet sich (als Gleichgültigkeit gegenüber dem Sollen) auch für etwas, wenn schon verborgenerweise: für eine »Ethik« des Wechsels.

Auf der einen Seite schützen ihre Interpreten vor, Gottes Unergründlichkeit, seine willkürliche Gnade (die dieser Gott immerhin den Erwählten gewährt und den seit je und für ewig Verdammten verweigert) zu deuten; auf der anderen bezeugen sie damit das Unheil, das der Ausschluß durch menschliche Impotenz in jedem einzelnen anrichtet – und die wachsende Maßlosigkeit der Art. Das Schuldgefühl, das daraus erwächst, macht es schwierig, darüber zu entscheiden, was wirklich in unserer, der Macht der Individuen, liegt und was nur Alibi unserer Ohnmacht ist. Leere »Entschiedenheit« ist das ebenso »heroische« wie wohlfeile Instrument, um das Knäuel einer ungreifbaren Verantwortung aufzulösen.

Privileg

Wenn man sich für das Individuum entscheidet, ist böse alles, was sich von der Gleichheit der Unwiederholbaren entfernt, die wir alle sind (sein können, also sein *müssen*, damit diese Entscheidung auch gilt). Privilegien werden damit zur Schuld. Es kann schon ein Privileg, also böse sein, einfach zu überleben, wenn andere menschliche Wesen sterben wie die Fliegen. Wir müßten also jedes Privileg zur Disposition stellen, um wirklich von jeder Schuld frei zu sein. Die einzige dem Du adäquate Ethik wäre die des heiligen Franz von Assisi. Aber deren strikte Logik wird in der Wirklichkeit zum Alibi, das Unverantwortlichkeit straflos stellt. Wir wissen nicht nur genau, daß wir Franziskus nicht nachahmen können, die Motive, die diese Unfähigkeit rechtfertigen, sind Legion. Darunter auch dies: Alle anderen teilen diese Unfähigkeit.

Dem lassen sich zwingende empirische und rationale Argumente hinzufügen. Wir brauchen Mandevilles Bienenkorb-Geschichte nicht, um festzustellen, daß eine Ethik der Armut nur Armut verteilt und daß Ungleichheit oft auch die weniger Gleichen bereichert. Man muß keine imperialistischen Sehnsüchte und rassistischen Versuchungen kultivieren, um zu wissen, daß eine absolute Öffnung des Westens hin zur Dritten Welt zwar den Emigranten aus Abidjan und Kigali lebenswertere Städte anböte, aber Paris, London und Berlin, selbst im besten denkbaren Fall, in die Bidonvilles von Mexiko Stadt verwandelte, also mit den Privilegien auch ziviles Leben zerstörte. Es hieße, das Privileg des Gesunden gegenüber dem Kranken nicht durch die medizinische Wissenschaft zu beseitigen, sondern mit der gleichen Bestrafung aller durch ein planetarisches Tschernobyl.

Die Übertreibung, die den Primat des Du mit der Pflicht zur Heiligkeit identifiziert, ist nur eine Variante der Theorie von der Urschuld (Erbsünde), die dazu dient, uns im voraus und zu einem billigen Preis von jeder möglichen konkreten Schuld zu befreien. Dennoch, das Vorbild des heiligen Franz ist ernst zu nehmen als Pflicht, sich ihm *anzunähern*. Als regulative Idee, die Handlungen ausrichtet, und als unaufgebbares Kriterium, das unsere eigene »Annäherung«, will sagen das Maß unserer Schuld, meßbar macht. Die nicht immer dieselbe ist, die sich in den Abstufungen erkennen läßt, und darin ihre Neutralisierung in der SCHULD verhindert. Eine große Schuld wäre es immer und unter allen Umständen, das Kriterium selbst beiseite zu setzen und abzuschaffen. Es festzuhalten oder es (in der Weigerung, sich ihm zu nähern) abzuweisen, das macht einen in der Tat wichtigen Unterschied. Verändert alles. Verlangt das *gelebte* Wissen, daß ein Privileg ein Privileg bleibt, nicht Zufall ist oder gar Verdienst. Daß wir es möglicherweise aus Verantwortung aufrechterhalten müssen, aber nicht aus Gleichgültigkeit oder um uns darin zu sonnen. Ungleichheit muß sich rechtfertigen, sie stellt jede sie unterstützende Begründung auf die Probe, nicht das Gegenteil.

Wir werden uns nicht vom Gefühl der Schuld befreien können. Nur in ihrem Bewußtsein finden wir, gemäß unserem

Vermögen, die Wertmaßstäbe, an denen sich messen läßt, was wir nicht tun, obwohl wir dazu in der Lage wären. Ohne zu vergessen, daß das Schuldgefühl zum Alibi werden kann, das das Erforderliche vergessen macht. Eine stets naheliegende Versuchung, die, der Mühe zu entkommen und vor der SCHULD die Waffen zu strecken, die ihre Quelle in den realen Umständen auf der Welt hat. Leid wird nicht gerecht, nach Verdienst zugemessen. Jenseits aller sozialen Ungleichheit und ihrer möglichen Eliminierung bleiben die nackten Körper und Seelen der Einzelnen Krankheiten und verweigerter Zuneigung ausgesetzt, einer ungleichen Bestrafung, die keine Sorge um das Du aufhebt.

Das Leiden wird um so unerträglicher, je weniger seine ungleiche Verteilung unterdrückt wird. Und bringt eine *metaphysische* Ablehnung hervor, hat doch keine Reform, keine Revolution die Ungerechtigkeit im Einzelfall aufzuheben vermocht. Deshalb nehmen wir Zuflucht zu einer SCHULD, die alles versehrt und für die jedes einzelne Leiden als Lohn gelten mag. So wird der Schmerz erklärlich, bekommt er einen »Sinn«. Sonst wäre kein Schmerzensschrei zu besänftigen, hörten wir nichts anderes mehr auf dieser Erde. Dieser Rekurs auf die SCHULD ist in Wahrheit eine umgedrehte Theodizee, die uns an die Stelle Gottes setzt, verantwortlich für alles und zur Rechenschaftslegung aufgefordert für das Leid, das *ist*. Eine schuldig sprechende Negativform innerhalb des Deliriums der Omnipotenz (die sich vielleicht mit einem dunklen Bewußtsein davon erklären läßt, daß wir sie als Art zu lieben scheinen). Es handelt sich jedoch darum, diese Allmacht aufzugeben und sich nicht länger für das Sein verantwortlich zu fühlen (was wir auch nicht sind, wenn wir der Versuchung entsagen, allmächtig zu sein), sondern nur für das Sollen, das versucht, das Leid zu mindern, und das nichts anderes sein kann als begrenztes Sollen.

Klarheit

Es handelt sich darum, in der Ernüchterung zugegebener Endlichkeit, die Sorge für das Individuum anzunehmen, die Verantwortung für das Privileg und die Schuld, es nicht zu bekämpfen, das mühevolle Gefallen an der Freiheit, anstatt sich in den Gehorsam von Wir und SEIN zurückzuziehen.

Das ist die einzige klare Wahl. Nur der Primat des Du kann unter dem Licht der Kritik bestehen. Jede andere Wahl muß (sich und anderen) zu verbergen trachten, daß sie *gewählt* ist. Jede andere bleibt nichtsdestoweniger erlaubt; das Wissen darum wird erst zum Wert, wenn es als dieses anerkannt ist. Freilich bleibt jede auch unklar, opak.

Das Wir duldet keine kritische Distanz, die einen kollektiven Gehorsam in Frage stellt, der auf dem Fundament der von Tradition und Autorität begründeten, gleichermaßen eingesetzten und festgehaltenen Legitimität beruht. Ein Gehorsam, der nach seinem warum fragt, ist schon potentielle Auflehnung. Analoges gilt für das SEIN, das es nicht duldet, als Wert *gewählt* zu sein, denn die Hypothese eines von ihm autonomen Werts ist schon eine Beschimpfung. Das Ich ist opak, weil es seine Egokratie und die ihr folgende Selbstvernichtung ignorieren muß.

In all diesen Fällen führt das Sollen in eine unklare Sakralität, die keine Befragung duldet. Nur das Individuum unter dem Primat des Du kann sich als das begreifen, was es ist, Klarheit statt Unklarheit wählen. Nur das Sollen für das Du kann sich als solches akzeptieren. Alles andere läuft darauf hinaus, Gegebenes unangreifbar zu machen und sich als SEIN oder dessen Varianten zu verstehen. Kritischen Fragen gegenüber zergeht es wie ein Schneemann unter der Sonne. Darum birgt die Frage, auch unter dem Horizont des SEIN und noch als Frage nach dem SEIN, die Erfindung des Individuums als unauslöschliche Möglichkeit in sich. Denn früher oder später begnügt sich die Frage nicht mehr damit, von der Antwort antizipiert zu werden.

Doch weil die Frage nach dem Du, dem Individuum, der Freiheit immer gewählt ist und niemals definitiv begründbar (daß Klarheit ein Wert sei gegenüber der Unklarheit, muß auch entschieden werden, und nicht nur Pascal hat sich gefragt, ob es für den Menschen nicht besser wäre, das seines Glücks wegen zu ignorieren), kehrt das Problem zurück: Warum soll die Unterdrückung böse sein, wenn sie gewählt ist und nicht auf der *Objektivität* des Bösen beruht, in den moralischen Chromosomen seit je angelegt? Daß Unterdrückung böse sei, entscheidet der Kampf für die Freiheit. Ist der, als gegen das Böse gerichtet, wirklich fragiler als die »Erkenntnis« des Bösen? Die verlangt, daß die Erkenntnis, die Kritik bereits als Wert anerkannt ist. Ist das geschehen, ist es eben die Kritik, die uns sagt, daß nur der Kampf gegen die Unterdrückung bestimmt, daß sie böse sei. Ohne die Entscheidung für die Kritik, das Du des Individuums und der Freiheiten, hat jede Unterdrückung Gründe gleichen Gewichts (und gleicher Begründungsschwäche, wenn man will), von der Begründung durch Gewalt abgesehen.

Sich auf einen archimedischen Punkt oberhalb des Kampfes zu stellen, wo man das Gute und Böse erkennt, ehe man sich entscheidet, ist unmöglich. Es braucht immer ein einzelnes Individuum (Prophet, Sterndeuter, Hermeneut, wer auch immer), um den Menschen zu erzählen, was man von diesem Aussichtspunkt außerhalb der Welt sieht, weil die Sache von selbst nicht redet. Die Illusion, sie täte es, dient nur dazu, sich aus dem Kampf zurückzuziehen oder ihn nur an der Seite des SEIN ausfechten zu wollen. »Gott mit uns.« So vermeidet man den Kampf nicht, man macht ihn religiös, göttlich. Verwandelt ihn in ein Gottesgericht. Und dann haben alle ihr »Gott mit uns«. Für den Benjamin des erwählten

Volkes kann das den Schrecken des Tausendjährigen Reichs mit seinem ›Gott mit uns‹ [im Original deutsch] wiederholen, das Benjamins Volk jeden Tag beim Gang in die Öfen von Auschwitz in den Ohren klang. Wer sich, anstatt sich für den Kampf gegen das Böse zu entscheiden, der Chimäre eines ethischen Kognitivismus überläßt, unterstützt das Böse. Um so mehr, als er nicht behaupten kann, daß Argumentieren die stärkste Waffe sei. Die sticht nur bei denen, die sich bereits für die Kritik als Wert entschieden haben, für die Freiheit des Du gegen den Gehorsam der Gruppe. (Übrigens: Rationalität kann auch völlig unkritisch sein, für die Unterdrückung arbeiten, wenn sie rein instrumental eingesetzt wird. Silizium-Chip und Shador kommen gut miteinander aus.)

Politik

Schlußfolgerungen: Das Sollen hat seinen Platz nur als Wahl, und klarerweise nur als Wahl für das Individuum, für das Du der *Gleichheit der Freiheiten*. Eine Wahl, die, alles bedacht, keine Erkenntnis – nicht einmal diese – ersetzen kann. Das Sollen hat seine *volle* Berechtigung nur im Miteinanderleben unwiederholbarer Existenzen, die sich als solche anerkennen (das geht über bloße Toleranz hinaus, schließt diese aber ein), nur im *politischen* Raum einer gleichberechtigten Bürgerschaft, wo Jeder am Anderen gemessen häretisch sein und dennoch zu Wort kommen kann. Es ist der Raum der radikalen Demokratie, wo zuerst die Freiheiten zählen, die Gleichheit schaffen (sonst würden sie nach und nach verlöschen). Der Raum, in dem nie alles zu verwirklichen ist, den man sich hartnäckig erobern muß, um den Preis, ihn sonst zu verlieren, denn »das Mögliche wird nicht erreicht, wenn man in der Welt nicht immer wieder das Unmögliche versucht« (Max Weber).

Weil die Demokratie die fragilste, riskanteste Form menschlichen Zusammenlebens ist, ohne etwas Sakrales, auf das sie sich gründen ließe, dem sie gehorchen könnte, bleibt ihr nur die gleiche Würde aller unwiederholbaren Existenzen. Darum muß die Ethik, will sie sich nicht im Gehorsam selbst widerlegen, Politik machen, Politik einer radikalen Demokratie, Politik einer *libertären* und befreienden Gleichheit.

Editorische Notiz

Demokratie ernst genommen (La democrazia presa sul serio) erschien in der Zeitschrift »MicroMega«, Nr. 5, 1989, Rom, S. 29–48.

Das freigesetzte Individuum (L'individuo libertario) erschien in »MicroMega«, Nr. 3, 1994, Rom, S. 17–30. Eine gekürzte Fassung erschien in »Freibeuter« 61, September 1994, Verlag Klaus Wagenbach, Berlin, S. 8–21.

Die Linke und die Legalität (Sinistra e legalità) erschien in »MicroMega«, Nr. 4, 1994, Rom, S. 73–93.

Ethik der Endlichkeit (Etica del finito) erschien in »MicroMega. Almanacco di filosofia '97«, Rom, S. 25–40.

Wagenbachs neue Taschenbücher

Attilio Brilli   Als Reisen eine Kunst war
Vom Beginn des modernen Tourismus: Die ›Grand Tour‹
Die Geschichte vom Beginn unserer Sehnsucht in die Ferne: Wie die ersten neugierigen Herren (später auch Damen) der Gesellschaft zur Bildungsreise aufbrechen, die natürlich im Kunstland Italien endet.
Aus dem Italienischen von Annette Kopetzki
WAT 274. Deutsche Erstausgabe. 224 Seiten mit zahlreichen Abbildungen

Giampiero Carocci
Kurze Geschichte des amerikanischen Bürgerkriegs
Der Einbruch der Industrie in das Kriegshandwerk
Eine aktuelle, detailreiche und spannende Einführung in den ersten industrialisierten Krieg der Geschichte.
Aus dem Italienischen von Friederike Hausmann
WAT 281. Deutsche Erstausgabe. 160 Seiten mit vielen Abbildungen

Stephen Greenblatt   Wunderbare Besitztümer
Die Erfindung des Fremden: Reisende und Entdecker
»Greenblatt stößt zu den Wurzeln des Fremdenhasses vor: wie aus höchstem Entdeckerglück niedrigste Mörderinstinkte wuchsen.«
Martin Doerry, Der Spiegel
Aus dem Englischen von Robin Cackett
WAT 296. 288 Seiten mit zahlreichen Abbildungen. (Januar 1998)

Friederike Hausmann
Kleine Geschichte Italiens von 1943 bis heute
»Ein handliches, ebenso sachkundiges wie lesbares Buch, das den Schlüssel zum Verständnis Italiens liefert.«
Hansjakob Stehle, Die Zeit
Aktualisierte Neuausgabe. WAT 288. 224 Seiten mit vielen Photos. (Okt. 1997)

Alexandre Koyré   Vergnügen bei Platon
Alexandre Koyré bietet eine für junge Leser geschriebene Einführung in Platons Philosophie: Was ist Wahrheit? Warum Staat? Was ist Tugend?
Aus dem Französischen und mit einem Nachwort von Horst Günther
WAT 285. Deutsche Erstausgabe. 160 Seiten

3. Auflage, in neuer Ausstattung:
Mireille Hadas-Lebel Massada
Der Untergang des jüdischen Königreichs oder
die andere Geschichte von Herodes
»Ein wundervolles Buch. Die Autorin macht den letzten Widerstand der Juden gegen Roms Legionen auf der Bergfestung Massada zum Knotenpunkt eines Panoramas, in dem der Ablauf von Jahrtausenden im Wechselspiel von Mythos und Historie transparent wird.« Jakob Hessing, Frankfurter Allgemeine Zeitung
WAT 294. 144 Seiten mit Abbildungen. (Oktober 1997)

Brunello Mantelli
Kurze Geschichte des italienischen Faschismus
Die einzige Geschichte des italienischen Faschismus auf dem deutschen Markt: von den Anfängen bis zum Fall.
Aus dem Italienischen von Alexandra Hausner
WAT 300. Deutsche Erstausgabe
160 Seiten mit vielen Abbildungen. (Januar 1998)

Iris Origo »Im Namen Gottes und des Geschäfts«
Lebensbild eines toskanischen Kaufmanns in der Frührenaissance
»Iris Origo hat es verstanden, wissenschaftliche Akribie und Detailkenntnis mit fesselnder Lebensbeschreibung zu verbinden.«
Herfried Münkler, Frankfurter Allgemeine Zeitung
Aus dem Englischen und Italienischen von Uta-Elisabeth Trott
WAT 290. 512 Seiten mit erweitertem Bildteil. (Oktober 1997)

Christian Ruby Einführung in die politische Philosophie
Eine kurzgefaßte Darstellung von Thesen und Gegenthesen mit allen wichtigen Namen und Hinweisen auf die zentralen Textstellen sowie einem Nachtrag über heutige Möglichkeiten, Politik zu diskutieren.
Aus dem Französischen von Bernd Schwibs
WAT 291. Deutsche Erstausgabe. 144 Seiten. (Oktober 1997)

Viviana Zarbo Die wahre Geschichte des Wilden Westen
Eine informationsreiche (und die einzig lieferbare) Geschichte der Indianer und Weißen zwischen 1860 und 1890, vom Mississippi bis zu den Rocky Mountains. Die Wirklichkeit der Cowboys, Sioux und Apachen und ihre Mythisierung zur Hollywood-Legende.
Aus dem Italienischen von Moshe Kahn
WAT 278. Deutsche Erstausgabe. 128 Seiten mit zahlreichen Abbildungen